ATLAS
ASTRONOMIQUE · DE · L'UNIVERS

TRAITÉ ÉLÉMENTAIRE D'ASTRONOMIE ET DE GÉOLOGIE

SUIVI

D'UNE CONCLUSION PHILOSOPHIQUE

APPROPRIÉ A L'ENSEIGNEMENT ET A L'USAGE DES GENS DU MONDE

ORNÉ DE DIX-SEPT GRAVURES

PAR

ÉTIENNE LAPORTE

PROFESSEUR DE PHILOSOPHIE

BRUXELLES
ÉDITÉ PAR L'AUTEUR, RUE DE L'ÉCUYER, 24

1877

INTRODUCTION.

En publiant cet ouvrage, je n'ai pas eu la prétention et encore moins la pensée de réformer ou de critiquer ceux qui, mieux que moi, ont déjà écrit sur cette matière ; je me suis au contraire, inspiré de leur grand savoir et de leur génie, pour obtenir le but que je me propose d'atteindre ; c'est-à-dire, pour donner à l'élève et à quiconque lira cet ouvrage plus de facilité pour apprendre beaucoup en peu de temps et sans fatigue et apprendre aux gens du monde qui ne connaissent pas encore cette matière, tout ce qui leur est nécessaire pour ne pas paraître ignorants. Au jeune élève surtout, pour le disposer de bonne heure à comprendre plus facilement les bases et les lois de l'enseignement supérieur, et aussi pour le préparer à vaincre plus facilement les obstacles qui s'opposent à bien concevoir les lois qui régissent la logique, la métaphysique et la morale; en un mot, le rendre familier avec ces trois principes qui sont la base fondamentale de la philosophie. J'espère encore, par l'étude de cet ouvrage, lui inspirer de nobles sentiments, lui développer l'intelligence et faire que ses pensées puissent s'élever par l'imagination à la conception des plus difficiles problèmes de la Nature.

Cet ouvrage est divisé en trois parties : la première traite des croyances primitives, la seconde, de l'astronomie moderne et la troisième, de la philosophie ; toutes ces matières, bien entendu, sont traitées d'une manière élémentaire, mais suffisamment expliquées cependant, pour que quiconque se donnera la peine de les étudier devienne, sinon supérieur, au moins un homme de bien.

L'astronomie est considérée comme étant la base et la source de toutes les sciences connues ; en effet, avant la formation du Soleil et des mondes qui nous entourent, il n'y avait rien, l'espace où s'agite notre tourbillon solaire, était vide, c'était le néant : ce n'est qu'au moment où la condensation des corpuscules a commencé, que cet immense espace s'est transformé en laboratoire et aussitôt que les premières formes des mondes ont été déterminées, quoique n'étant pas encore habités par nous, la physique était créée ; les lois de gravitation, d'attraction, de répulsion que Newton a découvertes plus tard, ont commencé à fonctionner, puis celles de l'équilibre de la pesanteur de l'atmosphère, ont suivi. Le premier mouvement de la terre a créé la chaleur, l'air, le vent, l'eau, les condensations, la pluie, les nuages, le froid et les glaçons.

La chimie est venue ensuite pour expliquer la loi d'affinité qui réunit par groupe les corpuscules, la composition et la décomposition des corps, et la propension de ces derniers à s'attirer les uns les autres et de se choisir entre eux pour former des groupes divers et de natures différentes.

Vient ensuite la géologie, qui nous explique la loi des premières couches du noyau de la Terre, puis la forme des couches successives jusqu'à la couche d'alluvion sur laquelle nous marchons, de là est sortie la science des ingénieurs des mines, si difficile à bien apprécier à sa juste valeur, les pyrites de toute sorte ; de là encore est sortie la loi des volcans, du foyer incandescent supposé au centre de la terre, des laves que vomissent les volcans et des tremblements de terre, et enfin, la loi de tassement de la terre depuis la formation du premier noyau jusqu'à nous.

Avec le premier brin d'herbe a commencé la botanique ; avec le premier animalcule a commencé l'histoire naturelle, et enfin, le jour où le premier homme a tracé la première ligne pour établir un chemin ou calculer une distance, la géographie existait ; toutes ces lois existaient avant nous, et c'est à partir de l'embryon de forme de vie et de végétation, que l'homme a pris possession de la Terre. A lui maintenant l'obligation, par le travail et par la science, de l'embellir, de la cultiver, de l'assainir et de la rendre enfin de plus en plus agréable et facile à la vie du genre humain.

CROYANCES DES ANCIENS.

L'idée première que les hommes se firent de la Terre, du mouvement des Astres et de la constitution de l'Univers, dut être dans l'origine uniquement basée sur le témoignage des sens. Dans l'ignorance des lois les plus élémentaires de la Physique et des forces de la Nature, n'ayant que leur vue bornée pour moyen d'observation, ils ne pouvaient juger que sur les apparences.

En voyant le Soleil paraître le matin d'un côté de l'horizon et disparaître le soir du côté opposé, on en conclut naturellement qu'il tournait autour de la Terre, tandis que celle-ci restait immobile. Si l'on eût dit alors aux hommes de ce temps-là que c'est le contraire qui a lieu, ils auraient répondu que cela ne se pouvait pas, car, auraient-ils dit, nous voyons le Soleil changer de place et nous ne sentons pas la Terre bouger, et puis le peu d'étendue des voyages, qui ne dépassaient pas alors bien rarement les limites de la tribu ou de la vallée, ne pouvaient permettre de constater la sphéricité de la Terre. Comment d'ailleurs supposer que la Terre puisse être une boule ? Les hommes n'auraient pu se maintenir que sur le point le plus élevé, et en la supposant habitée sur toute sa surface, comment auraient-ils pu vivre dans l'hémisphère opposé, la tête en bas, les pieds en haut ? La chose eût encore paru moins possible avec un mouvement de rotation. Quand on voit encore de nos jours, où l'on connaît la loi de gravitation, des gens relativement instruits, ne pas se rendre compte de ce phénomène, on ne doit pas s'étonner que les hommes des premiers âges ne l'aient pas même soupçonné.

La Terre était donc pour eux une surface plate circulaire comme une meule de moulin, s'étendant à perte de vue dans la direction horizontale ; de là l'expression encore usitée aujourd'hui : Aller au bout du monde. Ses limites, son épaisseur, son intérieur, sa face inférieure, ce qu'il y avait au dessous de la Terre, pour eux c'était l'inconnu.

L'ignorance en toutes choses, et principalement sur cette matière, était si grande, qu'Anaxagore, un philosophe grec, a été condamné à mort pour avoir comparé la grandeur du Soleil à celle du Péloponèse, et il a fallu toute l'éloquence et tout le génie de Périclès pour faire commuer cette peine en celle de l'exil.

Le Ciel apparaissant sous une forme concave, était, selon la croyance vulgaire, une voûte réelle dont les bords inférieurs reposaient sur la Terre et en marquaient les confins ; vaste dôme dont l'air remplissait toute la capacité. Sans aucune notion de l'infini, de l'espace, incapables même de le concevoir, les hommes se figuraient cette voûte formée d'une matière solide ; de là le nom de *firmament*, qui signifie : ferme, support, résistant, point d'appui.

Les Etoiles, dont ils ne pouvaient soupçonner la nature, étaient de simples points lumineux, plus ou moins gros, attachés à la voûte comme des lampes suspendues, disposées sur une seule surface, et par conséquent toutes à la même distance de la Terre, de la même manière qu'on les représente dans l'intérieur de certaines coupoles peintes en bleu pour figurer l'azur du Ciel

La formation des nuages par l'évaporation des eaux de la Terre était alors également inconnue, il ne pouvait venir à la pensée que la pluie qui tombe du ciel, eût son origine sur la Terre, d'où l'on ne voyait pas l'eau remonter. De là, la croyance à l'existence *des eaux supérieures et des eaux inférieures*, des sources célestes et des sources terrestres, des réservoirs placés dans les hautes régions, supposition qui s'accordait parfaitement avec l'idée d'une voûte solide capable de les maintenir. Les eaux supérieures s'échappant par les fissures de la voûte tombaient en pluie, et selon que ces ouvertures étaient plus ou moins larges, la pluie était douce ou torrentielle.

L'ignorance complète de l'ensemble de l'Univers et des lois qui le régissent, de la nature, de la constitution et de la destination des Astres, qui semblaient d'ailleurs si petits comparativement à la Terre, dut nécessairement faire considérer celle-ci comme la chose principale, le but unique de la création, et les Astres, comme des accessoires créés uniquement à l'intention de ses habitants. Ce préjugé s'est perpétué jusqu'à nos jours, malgré les découvertes de la science qui ont changé, pour l'homme, l'aspect du monde. Combien de gens croient encore que les Etoiles sont des ornements du Ciel, pour récréer la vue des habitants de la Terre !

Ces idées premières, idées naïves, ont fait pendant de longues périodes séculaires, le fond des croyances religieuses.

Et puis encore, sur quoi était posée la Terre ? Il serait inutile de rapporter toutes les suppositions ridicules enfantées par l'imagination, depuis celle des Indiens qui la disaient portée par quatre grands éléphants blancs, et ceux-ci portés sur les ailes d'un immense vautour. Les plus sages de ce temps-là avouaient qu'ils n'en savaient rien.

Cependant une opinion généralement répandue dans les croyances païennes, plaçait dans les *lieux bas,* autrement dit dans les profondeurs de la Terre, ou au dessous, on ne savait trop où le placer, le séjour des réprouvés, appelé *Enfers*, c'est-à-dire, *lieux inférieurs*, et dans les *lieux hauts*, par delà la région des Etoiles, le séjour des bienheureux. Le mot *enfer* s'est conservé jusqu'à nos jours, quoiqu'il ait perdu sa signification étymologique depuis que la géologie a délogé le lieu des supplices éternels des entrailles de la Terre, et que l'astronomie a démontré qu'il n'y avait ni haut ni bas dans l'espace infini.

Vers l'an 600 avant J.-C., Thalès, de Millet, en Asie Mineure, découvrit la sphéricité de la Terre, l'obliquité de l'écliptique et la cause des éclipses.

Un siècle plus tard, Pythagore, de Samos, découvrit le mouvement diurne de la Terre sur son axe, son mouvement annuel autour du Soleil, et rattacha les Planètes et les Comètes au système solaire.

Cent soixante ans avant J.-C., Hipparque, d'Alexandrie (Egypte) invente l'astrolabe, calcule et prédit les éclipses, observe les taches du Soleil, détermine l'année tropique et la durée des révolutions de la Lune.

Quelque précieuses que fussent ces découvertes pour le progrès de la science, elles furent près do 2000 ans à se populariser. Les idées nouvelles n'ayant alors pour se propager que de rares manuscrits, restaient le partage de quelques philosophes qui les enseignaient à des disciples privilégiés ; les masses, qu'on ne songeait guère à éclairer, n'en profitaient nullement et continuaient à se nourrir des vieilles croyances.

Vers l'an 140 de l'ère chrétienne, Ptolémée, un des hommes les plus illustres de l'école d'Alexandrie, combinant ses propres idées avec les croyances vulgaires et quelques-unes des plus récentes découvertes astronomiques, composa un système qu'on peut appeler mixte, qui porte son nom, et qui, pendant près de quinze siècles, fut seul adopté dans le monde civilisé.

Selon le système de Ptolémée, la Terre était une sphère au centre de l'Univers ; elle se composait des quatre éléments : la Terre, l'Eau, l'Air et le Feu. C'était la première région, dite *élémentaire*. La seconde région, dite *éthérée*, comprenait onze cieux, ou sphères concentriques tournant autour de la Terre, savoir : le ciel de la Lune, ceux de Mercure, de Vénus, du Soleil, de Mars, de Jupiter, de Saturne, des Étoiles fixes, du premier Cristallin, sphère solide transparente, du second Cristallin, et enfin du premier mobile, qui donnait le mouvement à tous les cieux inférieurs et leur faisait faire une révolution en vingt-quatre heures. Au delà des onze cieux était *l'Empyrée*, séjour des bienheureux, parce qu'on croyait que cette région était resplendissante de lumière.

La croyance à plusieurs cieux superposés a longtemps prévalu ; mais on variait sur le nombre ; le septième était généralement regardé comme le plus élevé, de là l'expression : Être ravi au septième ciel.

Au commencement du seizième siècle, Copernic, célèbre astronome, reprit les idées de Pythagore : il publia un système qui, confirmé chaque jour par de nouvelles observations, fut favorablement accueilli, et ne tarda pas à renverser celui de Ptolémée. Selon ce système, le Soleil est au centre, les Planètes décrivent des orbes circulaires autour de cet astre ; la Lune est un satellite de la Terre.

Un siècle plus tard encore, en 1609, Galilée, de Florence, invente le télescope : en 1610, il découvre les quatre satellites de Jupiter et calcule leurs révolutions ; il reconnaît que les Planètes n'ont pas de lumière propre comme les Étoiles, mais qu'elles sont éclairées par le Soleil, que ce sont des sphères semblables à la Terre ; il observe leurs phases et détermine la durée de leur rotation sur leur axe ; il donne ainsi, par des preuves matérielles, une sanction définitive au système de Copernic.

Dès lors s'écroula tout l'échafaudage des cieux superposés ; les Planètes furent reconnues pour des mondes semblables à la Terre, et comme elle sans doute habitées ; le Soleil pour une étoile, centre d'un tourbillon de Planètes, qui lui sont assujetties ; les Étoiles pour d'innombrables soleils, centres probables d'autant de systèmes planétaires.

A partir de Copernic et de Galilée, les vieilles cosmogonies sont à jamais détruites ; il a suffi de l'invention d'un instrument d'optique pour renverser un échafaudage de plusieurs milliers d'années, l'astronomie ne pouvait qu'avancer et non reculer. Grâce à l'imprimerie, le public, initié aux idées nouvelles, commençait à ne plus se bercer d'illusions et prenait part à la lutte ; ce n'était plus contre quelques individus qu'il fallait combattre, mais contre l'opinion générale qui prenait fait et cause pour la vérité.

La voie était désormais ouverte où d'illustres et nombreux savants allaient entrer pour compléter l'œuvre ébauchée. Képler, en Allemagne, découvre les lois célèbres qui portent son nom et à l'aide desquelles il reconnaît, que les Planètes décrivent non des orbes circulaires, mais des ellipses dont le Soleil occupe l'un des foyers ; Newton, en Angleterre, découvre la loi de gravitation universelle ; Laplace, en France, crée la mécanique céleste ; l'astronomie, enfin, n'est plus un système fondé sur des conjectures ou des probabilités, mais une science établie sur les bases les plus rigoureuses du calcul et de la géométrie.

Que l'Univers est grand auprès des mesquines proportions que lui assignaient nos pères ! Que l'œuvre de Dieu est sublime, quand on la voit s'accomplir selon les éternelles lois de la nature ! Mais aussi que de temps, que d'efforts de génie, que de dévouements il a fallu pour dessiller les yeux et arracher enfin le bandeau de l'ignorance !

C'est à l'aide de cette collectivité de savants et d'après eux, que nous allons dérouler sous les yeux du lecteur l'admirable et sublime système astronomique de Copernic.

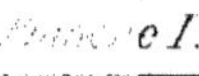

Le Soleil

d'après ... de Carrington

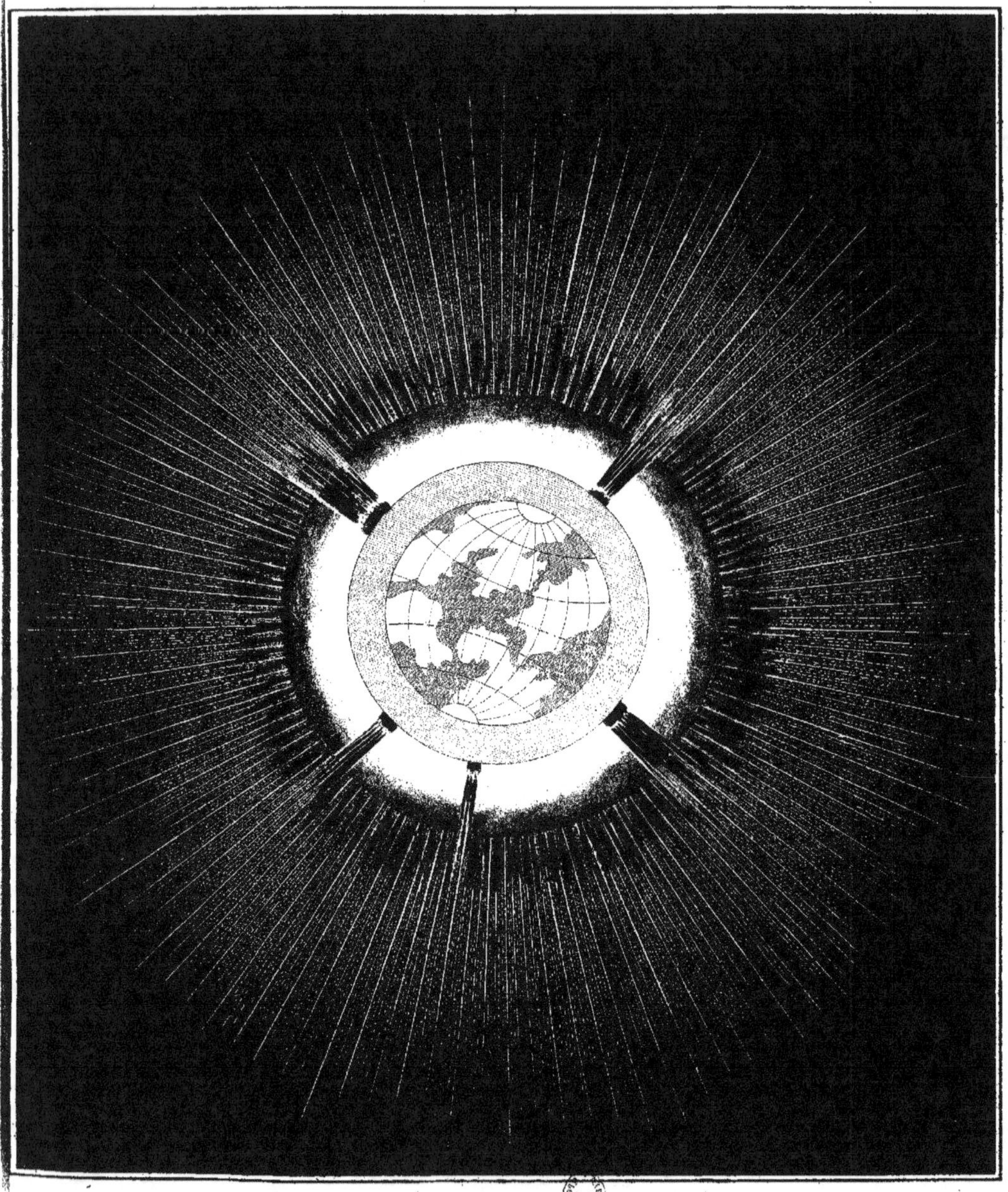

LE SOLEIL

d'après W. Herschel et Carington

ASTRONOMIE ÉLÉMENTAIRE.

LE SOLEIL ☉

L'action et l'influence de l'astre solaire sont d'une importance capitale pour les habitants de la Terre, et probablement il doit en être ainsi pour tout ce qui vit sur les autres mondes.

Quant à l'origine de la formation de cet astre, nul ne peut lui assigner une date précise ; dire depuis combien de temps il nous éclaire, depuis combien de temps il dirige tout le système et le tient sous sa domination, ce serait aussi extravagant que de demander à un aveugle de vous expliquer les couleurs ; mais des savants illustres en ont déjà posé les bases, et je ne doute pas qu'un jour à venir on connaîtra les principes sur lesquels tout s'agite, tout vit et tout repose.

En attendant, laissons la parole à l'illustre géomètre Laplace, pour nous expliquer sa théorie sur l'origine et la formation, non-seulement du Soleil, mais encore de tous les soleils et de tous les mondes qui nous entourent.

« Si l'on remonte par la pensée jusqu'à une époque éloignée de la nôtre, par une série considé-
« rable de siècles, le monde solaire tout entier, ou plus exactement, toute la matière qui en forme
« aujourd'hui les divers groupes, existait à l'état purement gazeux, ou, si l'on veut, sous la forme
« d'une immense nébuleuse, extraordinairement diffuse, ne présentant aucun indice de condensa-
« tion. Dans un tel état, les molécules de la nébulosité sont assez éloignées les unes des autres pour
« que la force répulsive dont elles sont douées annule entièrement la force attractive qui, les faisant
« graviter les unes vers les autres, tendrait, sans cela, à les réunir en groupes.

« Mais les siècles s'écoulent, la nébuleuse se réunit peu à peu en rayonnant incessamment dans
« l'espace ; l'action de la force répulsive diminue et celle de l'attraction peut s'exercer de plus en
« plus ; elle condense et rapproche en un ou plusieurs centres les diverses parties de la nébulosité
« diffuse.

« La nébuleuse solaire a donc dû finir par présenter l'aspect d'un noyau lumineux, enveloppé à
« une grande distance d'une sorte d'atmosphère gazeuse, de forme à peu près sphérique. Telles

« nous apparaissent dans l'espace les étoiles nébuleuses ; on a vu, en effet, que les astronomes
« considèrent ces derniers systèmes comme irréductibles en Etoiles, ou si l'on veut, comme des
« soleils simples, doubles ou multiples, environnés d'une nébulosité réelle, soit lumineuse par
« elle-même, soit illuminée par l'astre central.

« A cette période de sa formation, le Soleil existait seul encore ; les Planètes et leurs satellites
« restaient confondus dans le sein de l'atmosphère.

«· Mais la masse entière était douée d'un mouvement de rotation qui entraînait dans un même
« sens, soit les molécules du noyau, soit celles de la nébulosité. A un moment donné, les limites
« de cette dernière dépendaient de la distance à laquelle la force centrifuge, due au mouvement
« de rotation, était en équilibre avec la force centrale de gravitation. Ces limites changeaient
« elles-mêmes et se rapprochaient nécessairement du centre, sous l'influence d'un refroidissement
« continu, qui avait pour conséquence la diminution du volume de la nébulosité. De là, l'abandon
« d'une zone de vapeur condensée à la distance des limites primitives.

« Peu à peu l'atmosphère céleste dut abandonner ainsi une série de zones de vapeur, de plus
« en plus rapprochées du centre, les unes et les autres se trouvant à fort peu près dans le plan
« de l'équateur général, c'est-à-dire, là où, pour la vitesse du mouvement de rotation, la force cen-
« trifuge était naturellement prépondérante. — Ce sont ces zones qui ont donné naissance aux
« Planètes isolées, ou aux groupes de Planètes et d'Astéroïdes.

« Pour qu'il en fût autrement, pour que les zones détachées de la nébuleuse générale eussent
« conservé la forme d'anneaux concentriques au Soleil, il aurait fallu qu'un équilibre parfait
« eût continué d'exister entre les diverses molécules composant ces anneaux. Mais c'eût été là,
« selon l'expression de Laplace, un grand hasard.

« Les anneaux se divisèrent, et les débris les plus considérables, attirant et s'agrégeant les
« autres, formèrent de nouveaux centres ou noyaux nébuleux. Ce qu'il importe maintenant de
« remarquer, c'est que chacun d'eux dut être animé de deux mouvements simultanés, l'un de rota-
« tion autour de son propre centre, l'autre de translation autour du centre commun. De plus,
« comme ces deux mouvements n'étaient que la continuation du mouvement antérieur général, leur
« sens resta le même que celui de la rotation de tout le système ou du noyau solaire.

« Les Planètes une fois formées, on comprend parfaitement comment ces nébuleuses partielles,
« semblables à la nébulosité totale, purent de la même manière donner naissance à de nouveaux
« corps gravitant et tournant autour de chacune d'elles ; telle est l'origine des satellites. »

Ce globe immense est 1,400,000 fois plus gros que la Terre et pèse 700 fois plus que toutes les
Planètes, les Astéroïdes, les Comètes et les satellites réunis ; il est animé d'un mouvement de rotation qu'il accomplit en 25 1/2 de nos jours autour de son axe, ou plutôt au milieu du centre de
gravité de tout le système. — Tous les jours en voit le Soleil se lever à l'orient, monter plus ou
moins au dessus de l'horizon en décrivant un arc de cercle plus ou moins étendu ; puis il va se coucher ou disparaître au dessous de l'horizon occidental. — C'est le *Mouvement diurne.*

On sait aujourd'hui que le globe solaire est entouré de plusieurs enveloppes atmosphériques
superposées, dont l'une est nommée *photosphère*, c'est-à-dire, lumineuse. La quantité de lumière
qu'il répand est tellement considérable, que si elle était réunie sur un seul point, la création spon-
tanée des animalcules invisibles à l'œil nu serait si grande, et la chaleur que ces cirons provoque-
raient par leur mouvement si énorme, que si elle était employée uniquement à fondre de la glace,
elle serait capable de fondre une couche de glace d'une épaisseur de dix mètres. — En effet, depuis
que le microscope nous a fait découvrir tout un monde d'êtres vivants dans l'atmosphère que nous
respirons, depuis que le télescope nous a découvert la profondeur des cieux, la science et les expé-
riences nous ont démontré que la lumière provoque le mouvement et que ce dernier engendre le
calorique. D'après ce principe, nous n'avons donc plus de conjectures à former à l'égard des mondes
plus éloignés que nous du Soleil, comme la planète Neptune, par exemple, à qui les astronomes
attribuent 2,640 fois moins de chaleur qu'à nous, et 1.340 fois moins de lumière.

Malgré cette quantité de lumière que le Soleil répand autour de lui dans l'espace, soit que ce foyer se consume, soit qu'il répare à chaque instant les pertes de sa perpétuelle irradiation, la distance qui le sépare de nous est si grande, que nous ne pourrions d'ici apprécier aucune diminution de son disque, s'il diminuait, par exemple, journellement au point que son diamètre se *raccourcît d'un mètre en 24 heures* ; il faudrait une attention soutenue pendant près de neuf mille années à l'habitant de la Terre, pour qu'il pût apercevoir une diminution sensible à son disque apparent.

La distance du Soleil à la Terre est de 37 millions de lieues, la distance extrême est d'environ 40 millions de lieues et la plus faible de 35 millions de lieues environ. En termes d'astronomie, on appelle ces différentes positions de la Terre autour du Soleil, Périhélie, quand la Terre est arrivée au point le plus rapproché du Soleil et Aphélie, quand elle en est le plus éloignée.

Le diamètre du Soleil n'est pas moins de 345 mille lieues, son rayon est donc de la moitié de ce nombre, la surface totale de cet astre est d'environ 11,783 fois plus considérable que la nôtre.

Les astronomes du dernier siècle, et notamment William Hœrschel, semblent reconnaître un monde dans l'intérieur du Soleil, c'est peut-être à cette opinion que nous sommes redevables de connaître l'inclinaison de cet astre sur le plan de son orbite et que le savant Carrington a pu la déterminer à 7° 15'.

Quand on parle de la distance de la Terre au Soleil et de celui-ci à toutes les autres Planètes, on ne trouve que des incrédules, on nous qualifie même d'idéologues quand on apprécie leurs volumes et leurs prodigieuses vitesses, et ce n'est qu'en comparant ces phénomènes à des actes vulgaires de la vie, qu'on parvient quelquefois à se faire écouter, sinon à les convaincre.

Voyons, par un exemple, si je parviendrais à faire concevoir nettement l'espace qui nous sépare du Soleil : Tout le monde sait aujourd'hui que la lumière franchit l'espace avec la rapidité de 70 mille lieues par seconde ; elle met donc 500 secondes environ pour parcourir 38,000,000 de lieues, c'est-à-dire, l'espace qui nous sépare du Soleil.

Si notre atmosphère s'étendait jusqu'au Soleil, de manière à permettre à une hirondelle d'en pouvoir faire le voyage, et si cette hirondelle pouvait aller aussi vite qu'un boulet de canon qui franchit l'espace avec la rapidité de 500 mètres par seconde, il lui faudrait environ 9 ans et demi pour arriver au Soleil, et en supposant encore que sa marche ne se soit pas ralentie un seul instant, elle aurait franchi dans cet espace de temps 38 millions de lieues. La même comparaison peut être appliquée pour le son, c'est-à-dire, pour la vibration, mais comme le bruit se propage dans l'air avec un peu moins de vitesse qu'un boulet de canon, il faudrait au son un peu moins de 14 années pour aller au Soleil ; si, pour donner plus de clarté à cette comparaison, nous imaginons une locomotive voyageant à raison de 70 kilomètres par heure, elle mettrait 328 ans pour arriver au Soleil, et si elle partait de Bruxelles, aujourd'hui (1er mars 1877), elle n'arriverait à sa destination que vers la fin de l'année 2205, toujours en supposant qu'elle ait conservé la même vitesse qu'à son départ et sans s'être jamais arrêtée ; et si ce même train partait du Soleil pour aller jusqu'à la Planète la plus éloignée de notre système solaire, à Neptune, il n'arriverait à cette destination que dans 10,000 ans environ, après avoir franchi l'espace de 1,147,000,000 de lieues.

Pour donner une idée plus précise de l'étendue de notre tourbillon, nous dirons que pour parcourir la ligne diamétrale d'un point de la circonférence à l'autre, en passant par le centre du Soleil, un train qui partirait de la planète Neptune, franchissant l'espace avec la même rapidité (70 kilomètres par heure), n'arriverait au point opposé que dans 20,168 ans, après avoir parcouru *deux milliards deux cent quatre-vingt-quatorze millions, trois cent quarante-cinq mille lieues* (2,294,345,000).

Nous avons dit que le noyau du Soleil était entouré de plusieurs couches gazeuses ; on remarque des taches noires autour de la photosphère lumineuse, ces taches ne sont autre chose que des déchirures, des trouées ou crevasses de l'enveloppe atmosphérique qui entoure le Soleil, tel que cela se pratique sur notre Terre dans les nuages, c'est ce qui explique leur continuelle variation, c'est-à-dire, qu'on ne les aperçoit jamais au même endroit, ni de la même grosseur, ni de la même forme et que quelques-unes de ces trouées sont quelquefois si grandes, que notre pauvre Terre pourrait passer au travers, sans toucher les bords.

C'est l'illustre Képler, qui nous a enseigné que le Soleil paraît être un aimant gigantesque soutenant par la seule loi d'attraction tous les mondes qui circulent dans notre système et que c'est cette même loi qui assure, sous le nom de *pesanteur*, les constructions innombrables de l'étendue des systèmes stellaires; c'est ainsi que notre tourbillon, c'est-à-dire, notre système solaire tout entier, avance tous les ans de 286,000,000 de lieues, dans la direction d'Occident en Orient.

Si, comme beaucoup de savants astronomes et notamment William Hœrschel et son fils sir John Hœrschel, nous admettons que le noyau du Soleil est un monde habité, comment expliquer la nature des habitants, leur manière de vivre sur un monde plongé dans un océan perpétuel de lumière, privé d'ombre et d'air de toutes parts sans jamais y voir une goutte d'eau, ni la moindre humidité sans qu'elle soit condensée instantanément? Comment se comporte la végétation sur ce monde? Y a-t-il seulement une fleur? Et si l'habitant est privé de repos, de fraîcheur et de tous les éléments qui constituent la vie en dehors de cet immense foyer de chaleur et de lumière, comment doivent-ils être? Nous qui savons par expérience qu'on ne pourrait pas vivre un instant dans un pareil milieu? Si le noyau solaire est habité, cela ne peut être nécessairement qu'autant que ses habitants soient d'une forme et d'une constitution bien différente de la nôtre; ils doivent par conséquent n'avoir rien de matériel, et posséder des qualités et des sens cent mille fois supérieurs aux nôtres, ils doivent n'avoir ni vices, ni défauts, leur individualité doit être toute vaporeuse, ils doivent ne pas avoir besoin de la parole pour se comprendre, leur langage doit être céleste, ils doivent se comprendre simplement par la pensée et le rayonnement de l'âme; ils doivent franchir toutes les distances avec la rapidité de l'éclair; si toutes ces qualités sont indispensables aux habitants du Soleil pour pouvoir vivre dans un pareil milieu, les ont-ils? Problème bien difficile à résoudre, et surtout à y répondre avec quelque clarté, cependant, nous ne voyons là rien d'impossible, la nature est si grande, si puissante, si variée dans ses manifestations qu'il pourrait bien se faire qu'il en soit ainsi; en effet, en présence de la majesté de cet astre, il serait bien étrange, que le plus grand, le plus majestueux et le plus brillant de tous les astres dans l'Univers que Dieu a créé, soit précisément le seul qui soit privé d'habitants; circulant sans cesse dans l'espace dans un silence perpétuel, et n'ayant dans sa destinée que l'obligation d'être uniquement occupé à chauffer et à éclairer les habitants de notre Terre.

CONFIGURATION DE MERCURE,
VUE DANS L'ESPACE.

MERCURE ☿

La première Planète qu'on rencontre en partant du Soleil, c'est la planète Mercure : sa distance au Soleil n'est que de 14,700,000 lieues environ, son année ne dure que 88 de nos jours, c'est son mouvement de translation autour du Soleil; ce cercle, c'est-à-dire, cette orbite ne mesure pas moins de 90,000,000 de lieues qu'elle parcourt avec la rapidité de 47 kilomètres par seconde, c'est la plus grande vitesse de toutes les planètes qui circulent autour de l'astre commun, c'est donc 664 tours qu'elle effectue autour du Soleil, pendant que la dernière Planète de notre système, Neptune, n'en fait qu'un, le mouvement de rotation qu'elle fait sur elle-même, c'est-à-dire, sur son axe s'effectue en 24 heures 5 minutes, cette Planète est non-seulement plus petite que la Terre, mais encore la moins volumineuse des autres Planètes principales de notre système ; la cause de sa grande vitesse est due à son extrême rapprochement du Soleil et non à son petit volume, son diamètre est de 1,200 lieues environ et sa circonférence de 3,750 lieues.

Par rapport à la courte durée de l'année de Mercure, les quatre saisons qui ne durent chacune que 22 jours, doivent y être confondues, et si l'on considère encore la forte inclinaison de son axe sur le plan de son orbite (20°, à l'Équateur), on ne sera pas étonné de voir se succéder des variations de température et passer d'un instant à l'autre d'une chaleur torride à un froid excessif.

Mercure, comme la Terre, est entourée d'une zone atmosphérique dont l'étendue n'est pas encore bien déterminée, mais déjà par analogie nous pouvons dire qu'elle est habitée par des êtres vivants et soumis comme nous aux mêmes lois et à la même destinée et, quoique son volume soit 18 fois plus petit que celui de la Terre, cette Planète n'en reçoit pas moins 7 fois plus de lumière que nous.

Mercure n'est en général visible que le soir après le coucher du Soleil; c'est dans cette direction, que le moment est le plus favorable pour les observations astronomiques, parce que la quantité de chaînes de montagnes dont elle est couverte, se détache mieux du disque et paraît plus apparente à l'œil de l'observateur.

Une remarque, qui a bien sa singularité, se présente pour les quatre premières Planètes du système, c'est que la durée du jour est presque égale sur toutes les quatre ; les volumes, la densité, et les climats aussi, y sont à peu près semblables.

Le Disque apparent du Soleil paraît 7 fois plus grand aux habitants de Mercure, qu'à ceux de la Terre, 3 fois plus à ceux de Vénus et 2 fois moins que les habitants de la Terre aux habitants de Mars; et ainsi de suite en diminuant son disque progressivement jusqu'à la dernière planète Neptune, où ce disque ne paraît plus à tous ses habitants que comme une étoile de sixième grandeur. Pour toutes ces considérations et par rapport à l'analogie qui existe entre ces quatre petits mondes, nous sommes fondés à penser que les hommes qui les habitent doivent peu différer les uns des autres, soit pour les nécessités de la vie matérielle, soit dans leur constitution physique.

CONFIGURATION DE VÉNUS,
VUE DANS L'ESPACE.

VÉNUS ♀

Vénus est sans contredit la Planète la plus brillante du Ciel et la plus anciennement connue de tout le système, sous le nom de : *Étoile du Berger* ; c'est la seconde Planète que l'on rencontre en partant du Soleil, à la distance de 28,000,000 de lieues environ; le cercle qu'elle décrit autour du Soleil, c'est-à-dire, l'orbite qu'elle parcourt, ne mesure pas moins de 168 millions de lieues qu'elle franchit dans l'espace de 224 de nos jours (c'est son année) avec la vitesse de 34 kilomètres par seconde, c'est donc 267 tours qu'elle fait autour du Soleil, pendant que Neptune n'en fait qu'un ; elle fait encore, en outre de ce grand mouvement de translation, un autre mouvement sur son axe, c'est la rotation d'un jour en 23 heures 21 minutes ; c'est ce mouvement qui occasionne le jour et la nuit, et celui de translation qui détermine la durée des quatre saisons, qui est pour chacune de 56 de nos jours ; son diamètre est de 3,000 lieues environ, et sa circonférence de 9,500 lieues, c'est la Planète qui ressemble le plus à la Terre par son volume, par sa densité et par tous les autres éléments physiques. Comme la nôtre, elle est entourée d'une atmosphère, mais sans détermination d'étendue ; cette belle Planète, qu'on voit toute l'année, tantôt le soir, et tantôt le matin, est si brillante qu'on l'aperçoit quelquefois en plein jour, c'est ce qui est arrivé, dit le célèbre Arago, un jour de l'année 1792, en plein midi.

Tout semble donc être semblable, à peu de chose près, sur la planète Vénus, à tout ce qui est sur la Terre; l'analogie qui existe entre Vénus et la Terre, nous autorise à penser que ses habitants ne doivent pas être plus malheureux, ni moins heureux que sur la Terre, les saisons n'y sont pas plus rigoureuses, puisque l'inclinaison de son axe sur le plan de son orbite n'est que de 15°, à son équateur où, pour cette raison, la longueur du jour est égale à celle de la nuit pendant les 224 jours de son année et où, par contre, les deux pôles sont favorisés chacun d'un seul jour et d'une seule nuit.

Les nuages se promènent dans l'atmosphère de Vénus, comme sur la Terre, sa configuration nous présente l'image de ses nombreuses montagnes, dont quelques-unes s'élèvent à plus de 40,000 mètres.

CONFIGURATION DE LA TERRE,
VUE DANS L'ESPACE.

LA TERRE ☿

La troisième Planète que l'on rencontre en partant du Soleil, c'est la Terre ; comme les précédentes, elle a la forme sphérique et est entourée d'une atmosphère qui mesure 25 lieues d'épaisseur (v. pl. 6, n° 10).

La pression que cette enveloppe exerce sur toute la surface de la Terre est si grande, qu'elle peut être comparée, dit le savant Guillemin, au poids d'une boule de fer fondu mesurant 64 lieues de diamètre et pesant 5,540,000,000,000 de tonnes de mille kilogrammes chacune ; c'est cette force, appelée *pesanteur*, qui relie tout à la Terre et qui empêche les eaux de la mer, les hommes, les animaux et les choses d'abandonner la Terre : ce phénomène se produit en vertu de la loi d'attraction découverte par l'illustre New-ton ; c'est encore la même loi qui fait tomber le fruit au pied de l'arbre, au lieu de se précipiter dans l'espace, on comprend que cette loi enseigne que les petits volumes sont toujours attirés par les plus grands, c'est-à-dire, vers le centre de gravité. La distance du Soleil à la Terre est d'environ 38 millions de lieues en moyenne, elle est aplatie à ses deux Pôles comme les précédentes ; cet astre est accompagné d'un satellite qui fait en 27 jours 7 heures environ son double mouvement de translation et de rotation, et qui en est éloigné de 90,000 lieues ; la surface apparente de ce satellite est couverte d'un nombre considérable de montagnes, de pics, de cratères et de volcans éteints ; sa face opposée restera pour nous à jamais invisible, ses habitants, s'il y en a, reçoivent de nous, pendant leurs longues nuits, treize fois plus de lumière que nous n'en recevons de lui.

La Terre décrit autour du Soleil un cercle, c'est-à-dire, une orbite qu'elle parcourt en 365 jours 6 heures, ce cercle ne mesure pas moins de 232,500,000 de lieues, qu'elle franchit avec la vitesse de 24 kilomètres par seconde ; que l'on se souvienne un instant des dimensions du globe, de la masse énorme de la Terre, qui n'est qu'un grain de blé à côté des autres mondes, de la rapidité avec laquelle elle franchit l'espace et l'on ne sera pas étonné de voir l'imagination confondue en présence d'un tel spectacle. La Terre parcourt donc avec cette vitesse 165 fois l'orbite de sa translation autour du Soleil pendant que la planète Neptune ne la franchit qu'une fois.

La circonférence de la Terre est de 10,000 lieues et son diamètre de 3,325 lieues environ, comme toutes les autres Planètes. La terre est animée de deux mouvements principaux, l'un de rotation autour d'un de ses diamètres, c'est-à-dire, sur son axe, qu'elle accomplit en 23 heures 56 minutes, l'autre de translation autour du Soleil en 365 jours, 6 heures ; la Terre incline son axe sur le plan de son orbite de 23 degrés à l'Équateur et de 66° au Pôle, les saisons y sont plus normales et mieux tempérées que sur Mercure et Vénus ; si la Terre ne se penchait pas de 23 degrés sur le plan de son orbite, et si elle tournait perpendiculairement sur son axe au lieu de se balancer circulairement comme une toupie mourante, elle aurait un printemps perpétuel, parce qu'alors le Soleil distribuerait sa lumière d'une manière égale d'un Pôle à l'autre.

Le second mouvement, que la Terre effectue dans l'espace d'une année, produit les diverses saisons que nous connaissons : Le Printemps, l'Automne, l'Hiver et l'Eté (pl. 5). Le 23 septembre de chaque année, elle se trouve au premier jour de l'Automne (fig. n° 1), c'est le jour de l'*Équinoxe*, on le désigne ainsi parceque, à ce moment là, les jours sont égaux aux nuits sur toute la Terre. Aussitôt qu'elle a franchi ce point, elle se dirige vers les saisons rigoureuses où elle arrive le 22 décembre suivant, après avoir parcouru 56 millions de lieues dans l'espace de 90 jours, c'est le solstice d'Hiver: ce jour-là, les habitants du pôle Boréal ont les plus longs jours et nous les plus courts (fig. 2). La Terre, en continuant sa course dans la même direction, arrive à l'Équinoxe du Printemps le 21 mars suivant (fig.3) et ce jour-là encore, les jours sont égaux aux nuits sur toute la Terre, cela provient de ce que l'axe de la Terre à ce moment-là est perpendiculaire au plan de son orbite; elle franchit cet espace de 55 millions de lieues en 89 jours ; de ce point elle continue sa marche vers les saisons plus douces, où elle arrive le 22 juin suivant (fig. 4), c'est le solstice d'Été, après avoir parcouru 62 millions de lieues en 93 jours, ce jour-là par contre, nous avons les plus longs jours et les habitants du pôle boréal les plus courts; enfin, de là elle retourne à son point de départ, c'est-à-dire, à l'Équinoxe de l'Automne, après avoir franchi 63 millions de lieues en 93 jours ; ainsi de suite pour recommencer la même révolution indéfiniment. L'inégalité des distances de la Terre au Soleil à des points différents provient de ce que la Terre décrit une ellipsoïde autour de cet astre, au lieu d'un cercle parfait, c'est là précisément ce qui sert de base à la loi de Képler, qui a jeté tant de clarté sur le mouvement de tous les mondes qui circulent autour du Soleil.

Indépendamment de ces mouvements, la Terre en accomplit un quatrième qui ne dure pas moins de 25,868 ans ; c'est le mouvement qui produit le phénomène désigné en astronomie sous le nom de *Précession des Equinoxes.*

L'Équinoxe est l'instant où le Soleil, passant d'un hémisphère à l'autre, se trouve perpendiculairement sur l'Équateur, ce qui arrive deux fois par an, le 21 mars, quand le Soleil revient sur le pôle Boréal et le 22 septembre, quand il retourne vers le pôle Austral.

Mais, par suite du changement graduel dans l'obliquité de l'axe, ce qui en amène un dans l'obliquité de l'Équateur sur l'Écliptique, l'instant de l'Equinoxe se trouve chaque année avancé de 25 minutes environ, c'est cette avance qui est appelée *Précession des Équinoxes.*

Ces quelques minutes à la longue font des heures, des jours, des mois et des années, il en résulte que l'Équinoxe du Printemps, qui arrive maintenant en mars, arrivera, dans un temps donné, en février, juin, janvier, puis en décembre, et alors le mois de décembre aura la température du mois de mars et mars celle de juin et ainsi de suite, jusqu'à ce que revenant au mois de mars, les choses se retrouveront ce qu'elles étaient 25,868 ans avant.

Il résulte de ce mouvement conique de l'axe que les pôles de la Terre ne regardent pas constamment les mêmes points du Ciel ; que l'Étoile polaire ne sera pas toujours Étoile polaire, que les pôles sont graduellement plus ou moins inclinés vers le Soleil et en reçoivent des rayons plus ou moins directs: d'où il suit que l'*Islande* et la *Laponie*, par exemple, qui sont sous le cercle polaire, pourront, dans un temps donné, recevoir les rayons solaires comme si elles étaient à la latitude de l'Espagne et de l'Italie, et que, dans la position opposée extrême, l'Espagne et l'Italie pourront avoir la température de l'Islande et de la Laponie, et ainsi de suite à chaque renouvellement de la période de 25,868 ans.

Par suite de ce mouvement, la mer envahit peu à peu les terres, tandis qu'elle en découvre d'autres pour les abandonner à nouveau et rentrer dans son ancien lit. Ce mouvement périodique, renouvelé indéfiniment, constituerait une véritable marée universelle de 25,868 ans. La lenteur avec laquelle s'opère ce mouvement de la mer le rend presque imperceptible pour chaque génération, mais il est sensible au bout de quelques siècles. Il ne peut causer aucun cataclysme subit, parce que les hommes se retirent, de génération en génération, à mesure que la mer avance, et ils avancent sur les terres d'où la mer se retire. C'est à cette cause, plus que probable, que quelques savants attribuent le retrait de la mer sur certaines côtes et son envahissement sur d'autres.

Le déplacement lent, graduel et périodique de la mer est un fait acquis à l'expérience, et attesté

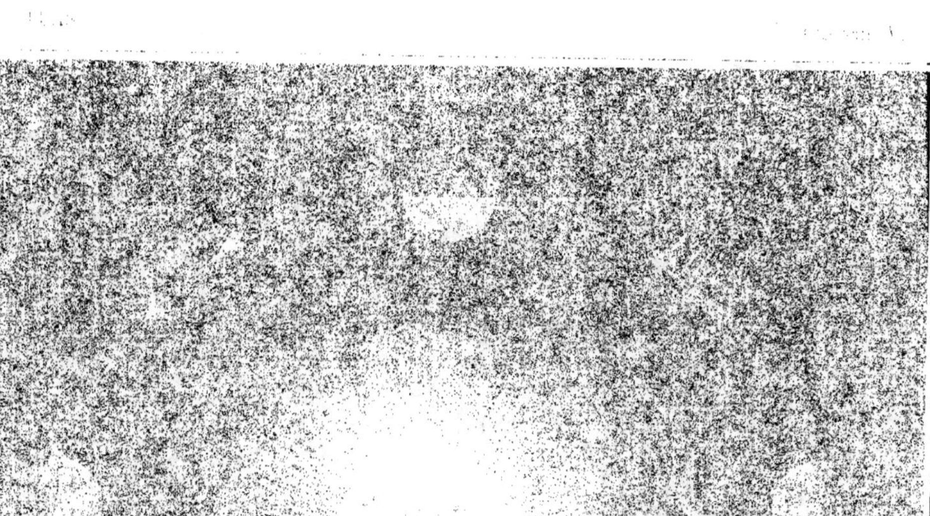

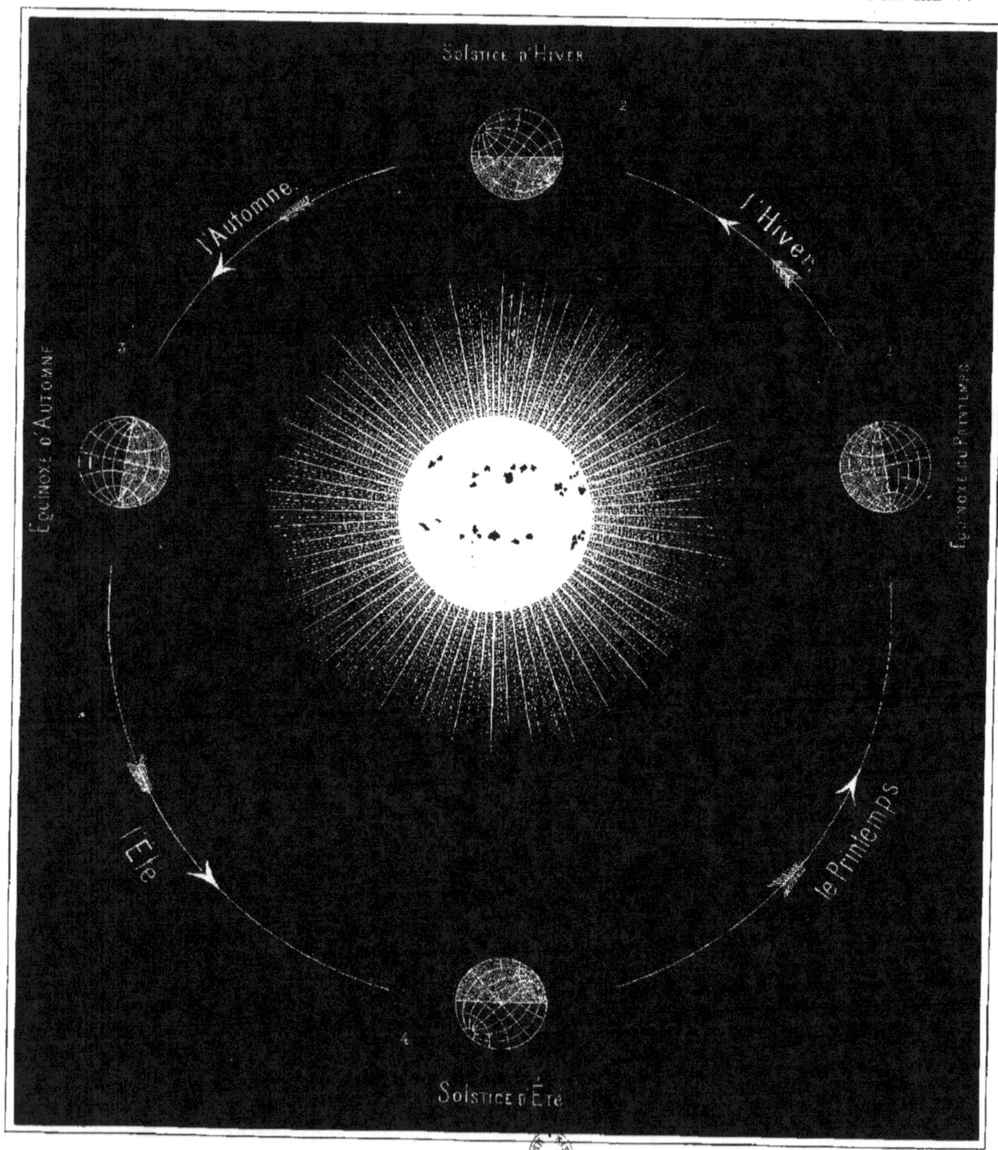

MOUVEMENT DE LA TERRE AUTOUR DU SOLEIL.

LES QUATRE SAISONS.

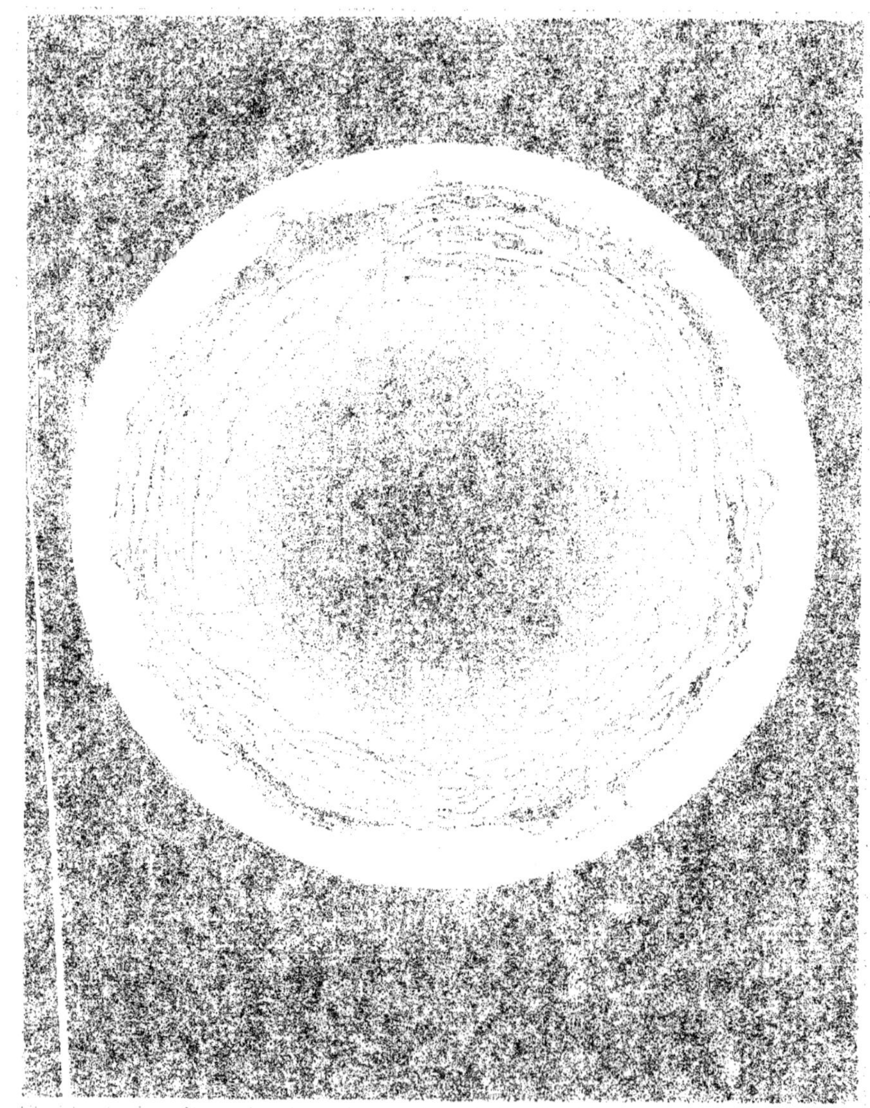

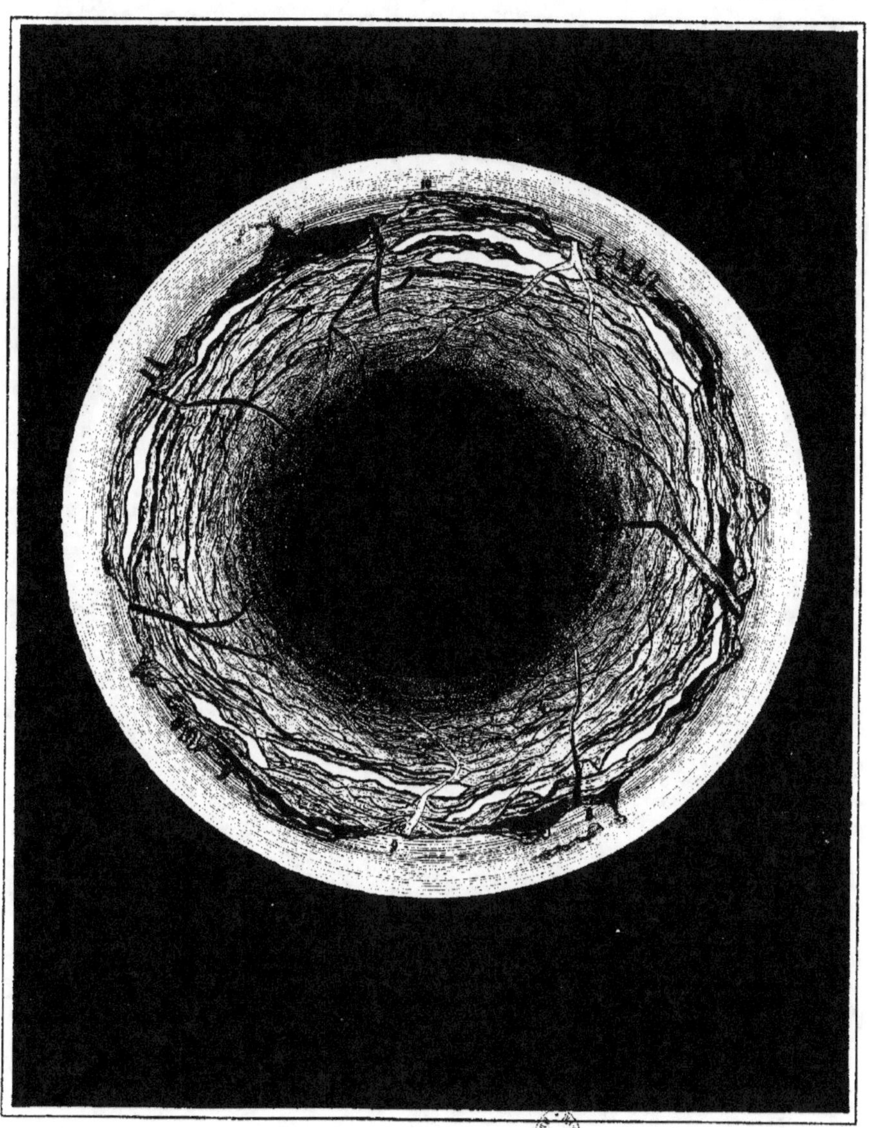

COUPE DE LA **TERRE** A L'ÉQUATEUR.

par de nombreux exemples sur tous les points du globe. Il a pour conséquence l'entretien des forces productives de la Terre. Cette longue immersion est un temps de repos pendant lequel les terres submergées récupèrent les principes vitaux épuisés par une production non moins longue. Les immenses dépôts de matières organiques, formés par le séjour des eaux durant des siècles de siècles, sont des engrais naturels périodiquement renouvelés et les générations se succèdent sans s'apercevoir de ces changements.

La Terre porte avec elle les traces évidentes de sa formation ; les géologues en suivent les phases avec une précision mathématique dans les différents terrains qui composent sa masse, depuis le noyau central jusqu'à la circonférence.

L'étude des couches géologiques atteste, ainsi que cela a été dit, des formations successives qui ont changé l'aspect du globe, et divisent son histoire en plusieurs époques. Ces époques constituent ce qu'on appelle les *périodes géologiques*, on en compte six principales que l'on désigne sous les noms de périodes : *primaire*, n° 1, *de transition*, n° 2, *secondaire*, n° 3, *tertiaire*, n° 4, *diluvienne*, n° 5 et *d'alluvion*, n° 6, de la planche n° 6.

Combien de millions de siècles a-t-il fallu à chaque période pour s'accomplir ?

Quelle force puissante n'a-t-il pas fallu pour déplacer et replacer l'Océan, soulever les montagnes ? Par combien de révolutions physiques, de commotions violentes, la Terre n'a-t-elle pas dû passer avant d'être ce que nous la voyons depuis les temps historiques ? Nul ne saurait le dire, aucun calcul raisonnable ne pourrait en donner une idée, et vouloir lui donner un âge c'est s'exposer à dire une témérité qui ne pourrait puiser ses arguments que dans le domaine de l'extravagance.

Parmi la quantité de montagnes disséminées sur la surface de la Terre, il y en a un certain nombre qui vomissent de la lave incandescente, des flammes et de la vapeur d'eau. Ces montagnes s'appellent des volcans. Depuis les temps les plus reculés jusqu'à nos jours, les savants et les géologues de tous les pays ont considéré ce phénomène comme venant du feu central de la Terre. Il n'est pas nécessaire, pour détruire cette erreur, d'avoir recours à une grande science, il suffit de réfléchir que pour contenir les effets de cet immense foyer, il faudrait une épaisseur d'enveloppe qu'aucune idée humaine ne peut concevoir. Sans plus approfondir le sujet, disons de suite que, d'après les savants en pareille matière, l'épaisseur de la croûte terrestre ne mesure que 10 lieues, et comme il est mathématiquement démontré, que la Terre a 3,330 lieues de diamètre et 10,000 lieues de tour, la circonférence du foyer central, ne mesurerait pas moins de 9,720 lieues de son diamètre 3,310 lieues. D'après ces données, cette enveloppe serait la proportion exacte d'une pelure d'oignon opposée à la résistance d'une chaudière à vapeur, de la force de 60 millions de chevaux, une telle résistance, pour une si formidable pression, ne se discute pas, il suffit de la signaler.

D'un autre côté, quand on pense à l'immensité de ce foyer calorique, où toutes les matières doivent être en fusion, et à l'exiguïté de son enveloppe, il ne viendra jamais dans l'idée de personne, qu'un volcan alimenté par un foyer si volumineux et si puissant, puisse jamais s'éteindre avant la disparition de ce même foyer, et pourtant des volcans connus en activité, se sont éteints ; on ne peut s'expliquer ce phénomène, qu'en localisant le foyer incandescent, à proximité du volcan d'une étendue indéterminée et par la cessation de matières combustibles ou, mieux encore, par un éboulement résultant du tassement de la Terre venant combler la cavité du foyer, ou par des masses de sels amenées là par le voisinage de la mer.

Sans avoir recours à d'autres preuves et en prenant pour base cette comparaison, nous dirons qu'il n'y a pas de feu au centre de la Terre, qu'au contraire, tous les éléments qui constituent le feu, la vapeur et les laves des volcans se trouvent à des profondeurs différentes, mais très-restreintes de la surface de la Terre, tel que le volcan l'Etna, le plus petit de tous, qui n'a son foyer qu'à 3,000 mètres de profondeur, tandis que le Cotopaxi a le sien à 24,000 mètres.

Nous en avons encore deux autres que le lecteur trouvera représentés dans la pl. 6, sous les n°s 7 et 8, le premier qui est indiqué par le n° 7 porte le nom de *Volcan Pichincha*, qui se trouve dans l'Amérique méridionale, dans les Iles Gallapagos, et l'autre, n° 8, se nomme *Volcan Sinkalang de Sumatra*, dans les iles de la Sonde ; tous les deux se trouvent précisément à l'Équateur, point où nous avons établi la coupe géologique de la Terre.

Pour déterminer dans les couches du globe des actions aussi extraordinairement intenses que la fusion des roches, et pour vaporiser des masses d'eau aussi énormes que celles qui se dégagent des volcans jusqu'à la surface de la Terre, il faut de la chaleur.

Cette chaleur est produite par le frottement et le tassement des corps volcaniques, par la filtration et le voisinage des eaux. L'action simultanée de la chaleur engendrée par les matériaux chimiques de l'écorce terrestre, le tassement d'une certaine étendue du sol, développe un travail énorme, une énergie dont on a peine à se faire une idée, et c'est cette énergie qui se convertit en chaleur gazeuse capable de mettre en fusion les corps les plus durs.

Ce puissant tassement chasse d'une manière permanente des cavités, la chaleur et les liquides vers les extrémités de la surface terrestre ; c'est le motif des disparitions des îles et des apparitions de volcans au sein des mers, c'est enfin l'origine des tremblements de terre et des réactions compliquées et terribles qui s'accomplissent dans les laboratoires souterrains.

Nous avons dit plus haut que la Terre présentait la forme d'un globe rond, au lieu que les anciens la considéraient plate, comme une meule de moulin ; c'est seulement depuis Galilée que la forme sphéroïdale a prévalu définitivement. Nous allons en donner la preuve par une expérience usuelle que chacun pourra répéter à volonté, étant donné une tour ou une montagne au milieu d'une plaine, il est évident que si un spectateur se plaçait au pied de la montagne, il n'apercevrait qu'un horizon très-limité, s'il s'élève seulement à mi-côte, il verra tout naturellement son horizon s'agrandir, sa vue découvrira un espace plus étendu, et s'il monte jusqu'au sommet de la montagne ou de la tour, il verra s'agrandir encore son horizon et l'espace qu'il découvrira sera plus étendu que celui du premier et du second horizon, et sa vue remarquera des objets qu'il ne pouvait pas voir quand il était placé aux stations inférieures.

Ce phénomène serait inexplicable si la Terre était plate ; d'ailleurs, le voyage autour du monde du célèbre navigateur Ferdinand Magellan suffirait sans autre preuve, quand on aura dit : qu'il partit le 29 septembre 1519, en se dirigeant vers l'Occident, et qu'il rentra en Europe, comme s'il venait de l'Orient, après avoir fait en 17 mois le tour entier de la Terre.

Tout le monde sait aujourd'hui que la superficie de la Terre est de 510 millions de kilomètres carrés, mais ce que beaucoup ignorent, c'est que de cette immense étendue, les trois quarts sont occupés par les mers dont la plus grande profondeur ne dépasse par 13,000 mètres (planche 6 n° 9) et l'autre quart par les terres fermes ; la superficie des eaux n'est pas moins de 390 millions de kilomètres carrés et l'autre de 130 millions seulement, et encore ce dernier espace n'a qu'un dixième de sa superficie habité par les hommes.

TABLEAU

DES

PRINCIPAUX VOLCANS, DES CRATÈRES, DES MONTAGNES ET DES PLAINES DITES MARITIMES

DE

L'HÉMISPHÈRE VISIBLE DE LA LUNE

L'aspect de ruine que présente la Lune, provient des révolutions géologiques qui l'ont tourmentée pendant des périodes considérables de siècles ; jadis on avait donné le nom de *Mers*, aux grandes taches sombres qui parsèment l'étendue visible de la Lune ; cette dénomination a changé en celle de *Plaines* depuis que le perfectionnement des instruments d'optique a permis aux astronomes d'observer cet astre plus exactement. D'ailleurs, voici les noms que les savants astronomes ont donnés à ces plaines, et ceux qu'ils ont également donnés aux plus hautes montagnes et aux principaux cratères et volcans de la Lune :

1	La Plaine des Crises,		21	La Montagne de Dœrfel, la plus haute, s'élève à 7,600 mètres.
2	Id. de la Tranquillité,		22	Id. Annulaire de Newton, s'élève à 7,264 id.
3	Id. de la Fécondité,		23	Id. Calippus du Caucase, s'élève à 6,212 id.
4	Id. de Nectar,		24	Id. d'Huygheus des Apennins, s'élève à 5,550 id.
5	Id. de la Sérénité,		25	Le Mont Casatus, s'élève à 6,769 id.
6	Id. des Vapeurs,		26	Id. Curtius, s'élève à 6,956 id.
7	Id. des Pluies,		27	Le Piton du Cratère de Tycho, s'élève à 5,000 id.
8	Id. des Tempêtes,		28	Id. d'Eratosthène, s'élève à 4,800 id.
9	Id. des Nuées,		29	(à l'extrémité des Apennins). Le Cirque (volcan éteint) de Ptolémée, s'élève à 3,200 id.
10	Id. des Humeurs,		30	Id. de Copernic, s'élève à 5,600 id.
11	Id. du Froid,		31	Id. de Schickardt, s'élève à 3,200 id.
12	Id. de Humboldt,		32	Montagne de (chaîne) des Carpathes, s'élève à 3,200 id.
13	Id. Australe,		33	Id. d'Apennins, s'élève à 2,450 id.
14	Id. des Songes,		34	Id. du Caucase, s'élève à 2,150 id.
15	Id. de la Mort,		35	Id. des Alpes, s'élève à 2,000 id.
16	Id. des Brouillards,		36	La Montagne, cratère d'Aristarque, s'élève à 2,300 id.
17	Id. des Iris,		37	Id. de Képler, s'élève à 980 id.
18	Id. de l'Arc-en-Ciel,		38	Id. de Proclus, s'élève à 760 id.
19	Id. de la Rosée,		39	Id. d'Euler, s'élève à 688 id.
20	Id. du Centre,		40	Id. d'Hyginus, s'élève à 520 id.
			41	Id. de Hémus, s'élève à 3,000 id.
			42	Id. de Taurus, s'élève à 2,800 id.

Le diamètre du cirque ou cratère du volcan Schickardt ne mesure pas moins de 64 lieues, celui de Grimaldi 42 lieues, n° 43, celui de Clavius 37 lieues, n° 44, celui de Copernic 360 mètres, celui de Ptolémée 720 mètres et celui de Tycho 380 mètres.

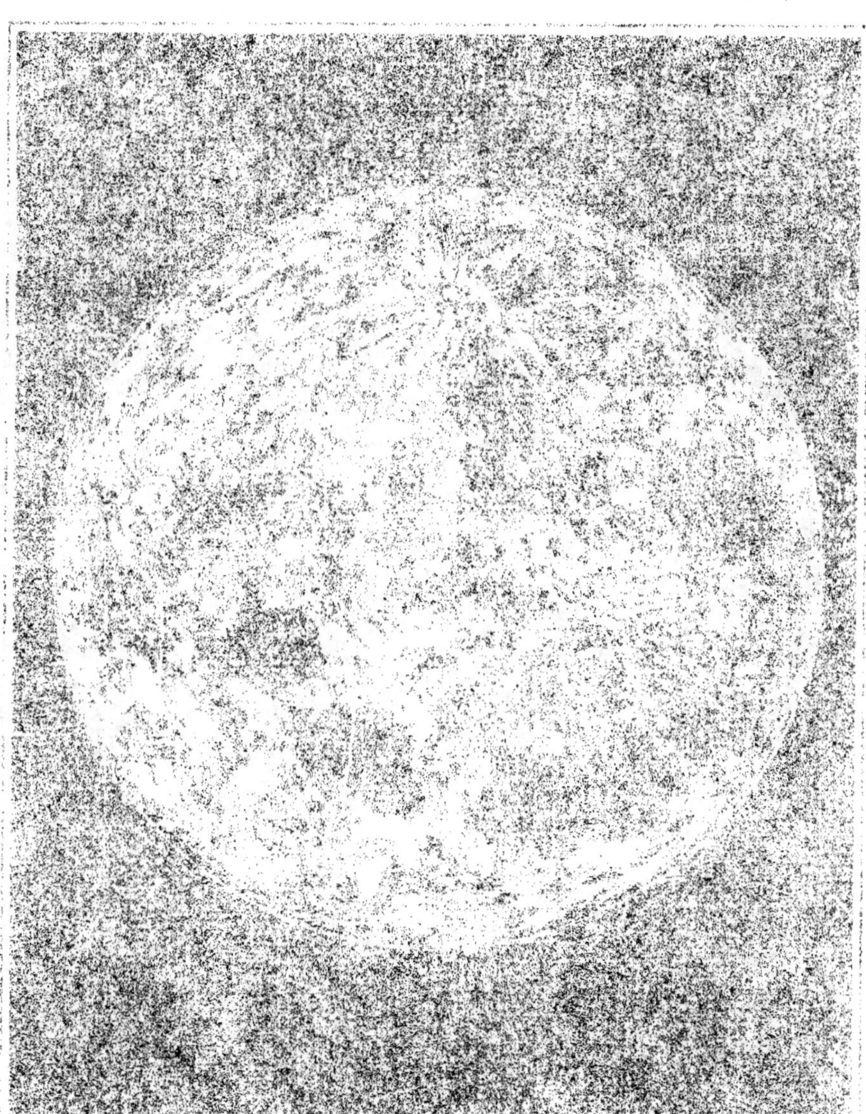

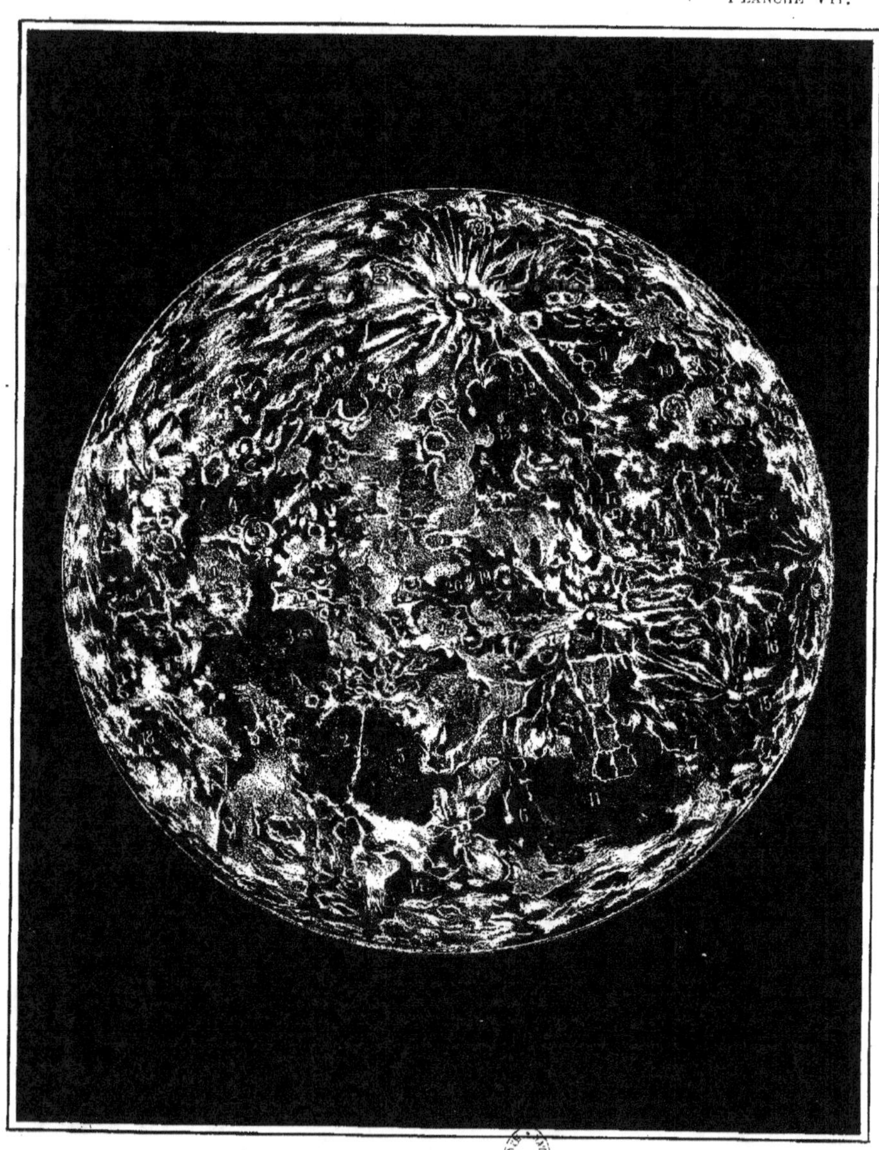

LA LUNE.

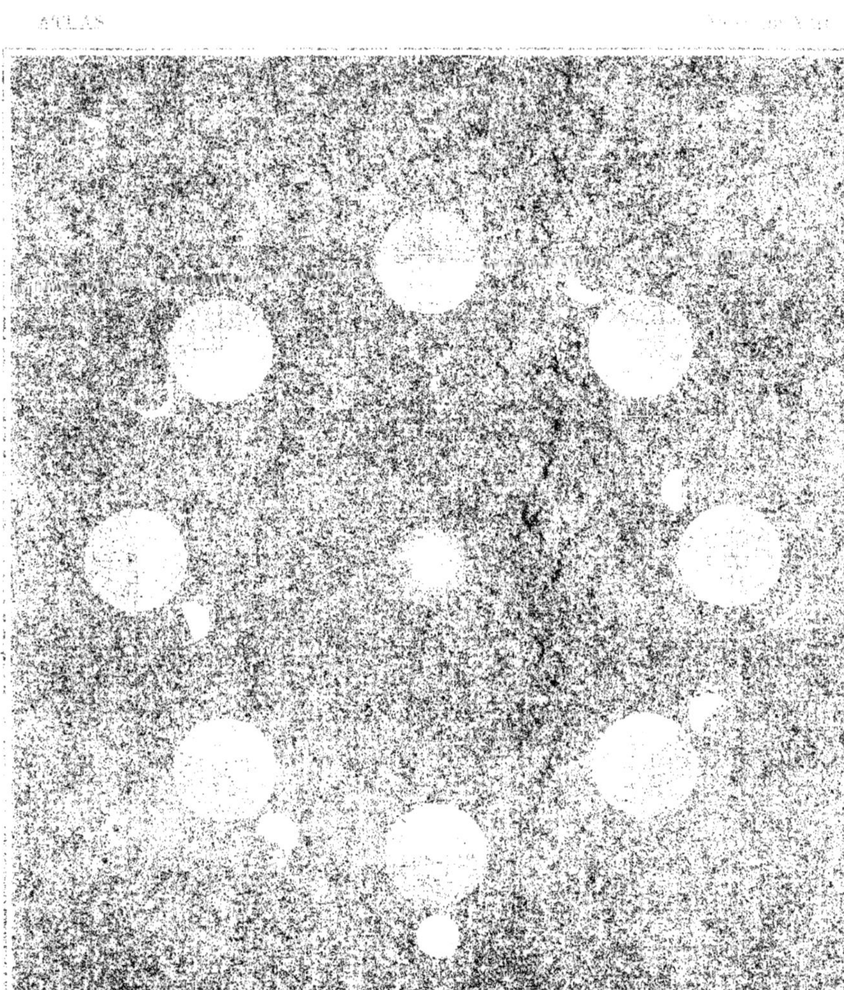

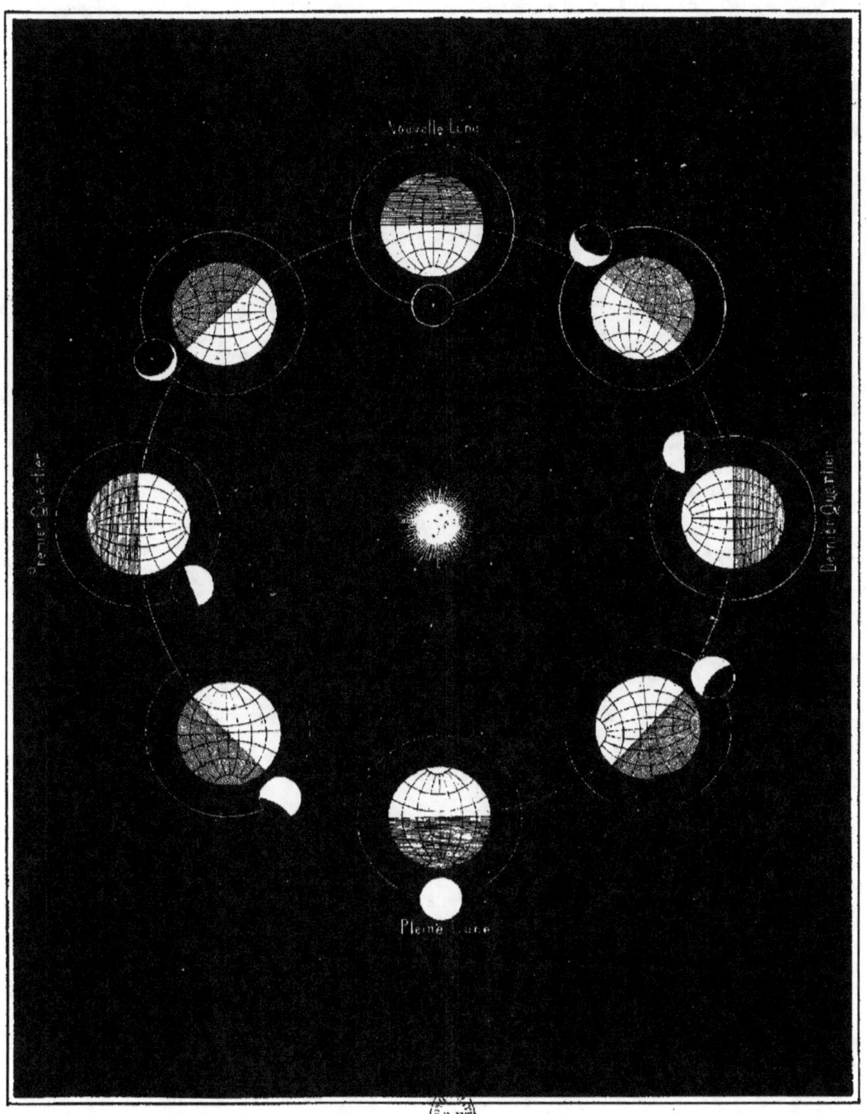

PHASES DE LA LUNE.

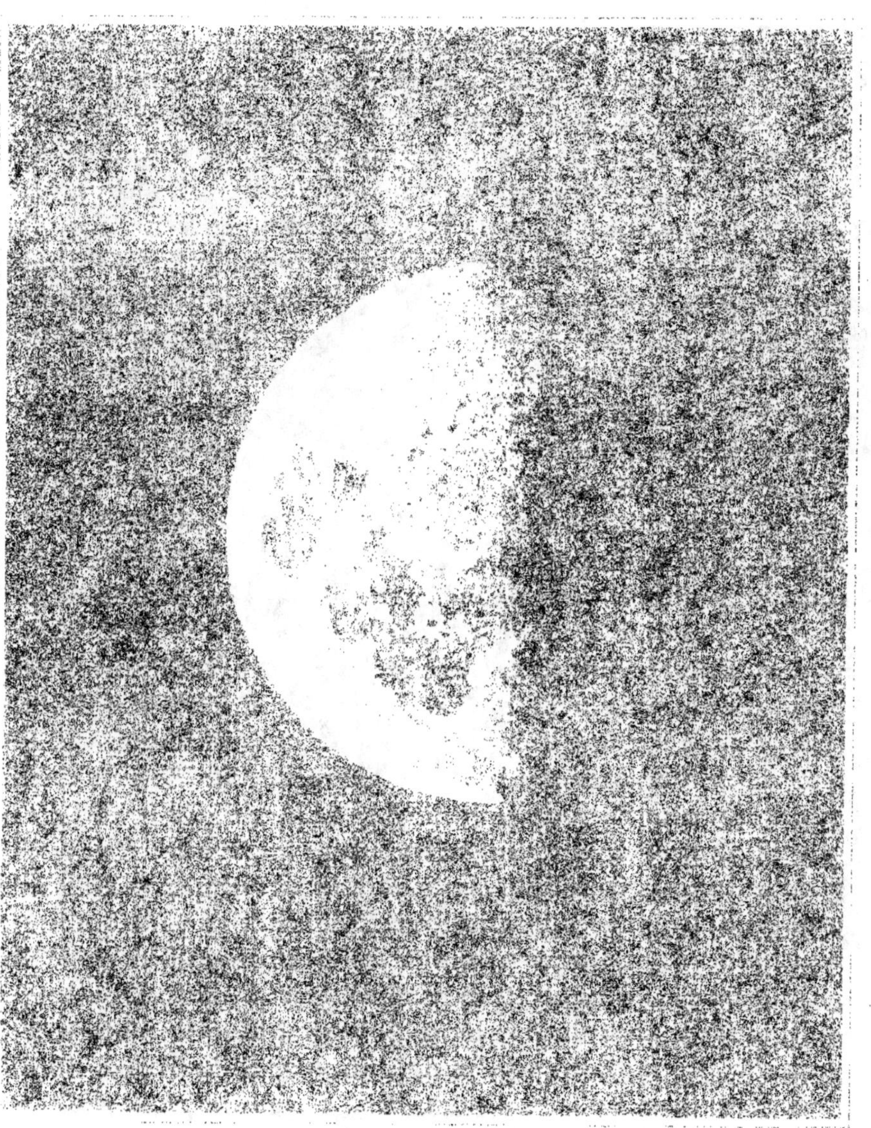

LA LUNE AU PREMIER QUARTIER
D'APRÈS FLAMMARION.

LA LUNE

De tous les mondes qui circulent dans l'espace autour du Soleil, la Lune est le seul astre dont les mouvements sont contraires à la loi générale qui régit les autres Planètes. En effet, son axe est horizontalement couché sur le plan de son orbite et tourne ainsi dans cette position, comme le ferait un fuseau posé à plat.

On comprend facilement que nous n'apercevons que la moitié de son volume, toujours le même, et que l'autre moitié restera à jamais invisible pour nous. Ce qu'il y a de remarquable, c'est qu'elle emploie le même temps à faire son mouvement de rotation sur elle-même, que pour faire celui de translation autour de la Terre, dans l'espace de 27 jours et 1/3 environ, avec la vitesse de 1,000 mètres par seconde. Comme sa distance à la Terre est d'environ 90,000 lieues, elle parcourt, pendant le même temps qu'elle met à faire un tour sur elle-même, un développement de 2,500,000 kilomètres.

Ce singulier mouvement vient sans doute de sa formation originelle : la force d'expansion se sera manifestée plutôt à un endroit qu'à l'autre, les corpuscules se seront précipités de préférence du côté où ils étaient appelés par le commencement de combustion, l'agglomération des corps les plus lourds se sera formée au pôle qui fait face à la Terre, et la loi de la pesanteur s'y étant fixée ne permettra plus aux habitants de la Terre de voir la face opposée, c'est-à-dire, la partie la plus légère de la Lune, là où bien certainement règnent l'atmosphère, la végétation et la vie.

Quoique le côté de la Lune qui est perpétuellement tourné vers nous paraisse privé d'air, de fleuves et de végétation, quoiqu'il soit prouvé que les Étoiles du Ciel y brillent en plein midi, quoique encore il soit prouvé qu'il n'y a aucune transformation d'eau en vapeur pour former des nuages, et que jamais la pureté de son disque apparent n'a été altérée, il ne faut pas conclure qu'elle est privée d'habitants. La Nature est si puissante dans ses manifestations que nous ne voyons pas d'impossibilité qu'un jour on vienne, à l'aide de plus grands télescopes et d'instruments d'optique mieux perfectionnés, nous donner la preuve incontestable que notre satellite est habité comme la Terre ; déjà nous sommes certains que l'action éruptive des volcans n'a pas encore cessé d'exister sur la Lune, par la déclaration du plus illustre de tous les géologues, M. Élie de Beaumont, qui reconnaît que la vie géologique existe aussi bien dans l'intérieur de la Lune que dans l'intérieur de la Terre.

La circonférence de la Lune est de 2,500 lieues environ, son diamètre est de 870 lieues, c'est à peu près le quart de la grosseur de la Terre, l'inclinaison de son axe sur l'orbite n'est que de 5 degrés et sa pesanteur est estimée par le savant Amédée Guillemin à 75,000,000,000,000,000,000 de tonnes pesant chacune 1000 kilogrammes.

Nous avons dit plus haut que la Lune présente au Soleil tous les points de son volume dans l'espace de 27 jours environ, c'est ce qu'on nomme *Phases de la Lune* (pl. 8), le double mouvement de rotation et de translation se reproduit périodiquement et toujours dans le même ordre, de telle sorte que la Lune n'a qu'un jour et qu'une nuit de même durée, 354 heures pour l'un et 354 heures également pour l'autre, ce phénomène a lieu, aussi bien sur l'hémisphère visible, que sur celui qui nous est invisible. Inutile de répéter ici, que les phases de la Lune comprennent quatre manières de la voir et qu'on désigne sous les appellations de : *nouvelle Lune, premier quartier, pleine Lune* et *dernier quartier* (pl. 9). Chacun sait qu'il est nouvelle Lune quand elle nous est cachée, que cette absence dure cinq jours et demi environ et que les autres phases durent chacune 7 heures et quelques minutes. La cause principale qui nous ôte pour jamais de voir la surface opposée de la Lune, c'est l'attraction terrestre, qui amène sans cesse vers nous le côté le plus lourd de notre satellite.

Si, comme ce que nous avons dit de l'espace interplanétaire du Soleil à la Terre, c'est-à-dire, si l'espace qui sépare notre satellite de la Terre était rempli d'air, de manière à ce que le bruit puisse se propager jusqu'à nous, nous pourrions connaître avec précision tous les événements extérieurs et géologiques qui pourraient se produire sur la Lune, pourvu que ces mouvements ne puissent pas avoir lieu sans bruit ; en effet, si un coup de tonnerre venait à éclater sur la Lune, le fidèle conducteur, l'air, ne mettrait que 13 jours environ pour l'emmener et nous le faire entendre, et si la force tangentielle qui tient la Lune éloignée de nous, venait à être anéantie subitement, nous n'éprouverions ce choc épouvantable qu'environ 6 jours après la rupture de cette force qui la tient à la distance où elle se trouve ; cette distance est franchie par la lumière solaire dans l'espace d'une seconde, quand elle nous vient de la réfraction de la Lune ; mais quand nous la recevons directement du Soleil, elle ne nous arrive que dans l'espace de 500 secondes.

Aujourd'hui, grâce aux savants et aux astronomes de tous les pays, la configuration de la Lune nous est parfaitement connue, son aspect de vieille ruine, les traces des révolutions géologiques qui l'ont tourmentée, ses montagnes, ses pics, ses nombreux cratères et ses volcans éteints, tout se voit et se compte même comme si on l'habitait, cependant la perfection des instruments d'optique n'est pas encore arrivée à voir, ni à distinguer les objets qui ne s'élèvent pas à la hauteur de 100 mètres.

C'est pourtant cette petite Planète, malgré son exiguité, qui a eu le mérite d'exciter le plus d'admiration et de sympathie à la marquise, élève du savant et spirituel Fontenelle, dans sa belle description de notre tourbillon solaire. Nul n'a fait mieux que lui ressortir les admirables merveilles de l'astronomie, à lui seul appartient le talent de savoir instruire son élève en l'amusant.

CONFIGURATION DE MARS,
VUE DANS L'ESPACE.

MARS ♂

Ce monde présente, par sa configuration, de frappants caractères de ressemblance avec la Terre, dont il est éloigné de 20 millions de lieues, son orbite enveloppe complétement l'orbite terrestre qu'il parcourt dans l'espace de 686 jours ; c'est son année, le développement de cet orbite ne mesure pas moins de 350 millions de lieues, que la Planète franchit en 2 de nos années, avec la rapidité de 22 kilomètres par seconde, c'est donc 88 tours qu'elle fait autour du Soleil, pendant que Neptune n'en fait qu'un. Indépendamment de ce mouvement de translation, Mars, comme les autres Planètes, effectue son mouvement de rotation sur son axe en 24 heures, 39 minutes. La distance qui sépare cette Planète du Soleil est de 58,750,000 lieues, l'orbite de Mars présente la forme elliptique la plus accentuée de toutes les ellipses des autres Planètes, la différence est de 10,000,000 de lieues entre son périhilie et son aphélie, c'est précisément l'extravagance de ce mouvement, célèbre dans l'histoire de l'astronomie, qui a fait découvrir la loi, en vertu de laquelle ce phénomène a lieu, et c'est aux observations de l'illustre Képler que la science doit cette merveilleuse découverte, aussi porte-elle son nom et quelquefois aussi celui de son maître Tycho-Brahé.

La planète Mars est 6 fois plus petite que la Terre, la circonférence de son disque est d'environ 5,400 lieues, et le diamètre de son volume de 1,700 lieues. Si Vénus est la plus brillante Planète du Ciel, Mars en est la plus rouge, sa forme est sphérique comme la nôtre, ses pôles sont également aplatis de 1,23 et sa densité est de 3 fois au moins le poids de l'eau, ce qui fait supposer que les matières qui ont formé ce globe sont semblables à celles de la Terre, l'inclinaison de son axe sur le plan de son orbite est de 20° à l'Équateur et de 60° à ses pôles.

Les astronomes, et entre autres Lambert, attribuent à cette Planète une nature du sol et une couleur de végétation différente aux autres Planètes, parce qu'elle présente sans cesse une teinte rougeâtre, provenant, sans doute, d'un sol ocreux que l'on remarque très-bien quand le Ciel est pur et sans nuages, et surtout après la fonte des neiges, dont elle est si souvent couverte. Nous n'avons pas d'objection à faire à cette manière d'interpréter les couleurs sous lesquelles Mars se présente, attendu que la végétation peut très-bien y être rouge, au lieu de verte, comme sur la Terre, et que son sol peut très-bien aussi y être couleur de brique au lieu de jaunâtre ; d'ailleurs, nous avons assez de spécimens sur la Terre, présentant des différentes couleurs pour être porté à croire qu'il n'y aurait rien d'impossible à ce que la couleur de la brique soit la couleur dominante dans cette Planète, c'est peut-être à cette nuance qu'elle doit d'être appelée par les anciens : *Terre de feu*, charbon ardent.

Les enveloppes atmosphériques qui entourent Mars et la Terre, les neiges qui apparaissent périodiquement à leurs pôles, les nuages qui s'étendent à leurs surfaces, la configuration géographique de leurs continents et de leurs plaines maritimes ; les variations de saisons et de climats, communes à ces deux Planètes, nous fondent à croire que ces deux mondes sont habités par des êtres dont l'organisation doit offrir la plus grande analogie entre eux.

PLANÈTES TÉLESCOPIQUES

A la distance de 100 millions de lieues gravitent les Planètes télescopiques, au nombre déjà
connu de 160, dans une zone dont la largeur ne mesure pas moins de 60 millions de lieues; toutes
ces Planètes portent chacune leur nom de fantaisie, qui leur a été donné par les divers astronomes
qui les ont découvertes, nous nous bornerons à nommer simplement les principales qui sont : *Vesta,
Pallas, Junon et Cérès,* ces petites Planètes sont désignées dans le tableau de la cosmographie universelle (pl. 16, sous les n°⁸ 6, 7, 8 et 9). Le plus brillant de tous ces petits mondes c'est Vesta, et
le plus volumineux c'est Pallas, qui ne mesure que 246 lieues de diamètre et 700 lieues de circonférence, ce volume est encore 16 fois plus petit que celui de la Terre; viennent ensuite toutes les
autres, Junon et Cérès en tête, jusqu'à la plus petite de ces Planètes, qui ne mesure que 9 lieues
de diamètre et 30 lieues de circonférence. Toutes ces Planètes sont de forme sphérique et circulent en groupe autour du Soleil entre les planètes Mars et Jupiter.

Il n'y a pas encore 80 ans que le nombre de Planètes connues, formant notre système solaire,
n'était que de sept, y comprise la planète Uranus, qui avait été découverte 30 ans auparavant,
par W. Hœrschel, directeur de l'Observatoire de Londres. Notre tourbillon planétaire s'est donc
enrichi de 157 petits mondes nouveaux dans l'espace de 80 ans seulement.

Quant à savoir l'origine de toutes ces Planètes, dont le nombre n'est pas encore limité, et à
pouvoir déterminer la cause qui les a divisées et qui les tient séparées les unes des autres, on ne
peut se prononcer que personnellement, les astronomes n'ayant encore rien précisé à ce sujet; mais
en attendant, nous allons faire connaître l'opinion d'un des plus compétents en pareille matière, du
savant Camille Flammarion, que je reconnais être, d'entre tous les astronomes, celui qui a le plus
participé, par la publication de ses nombreux ouvrages, à vulgariser la science astronomique en la
rendant accessible et facile à comprendre par tout le monde. Voici comme il s'exprime dans son
beau livre : *La Pluralité des Mondes :*

« La zone où gravitent toutes les Planètes télescopiques paraît avoir été jadis le théâtre de
« quelque grande catastrophe; ces astéroïdes sont dus, peut-être, à un morcellement de l'anneau
« cosmique au temps primitif, peut-être aussi sont-ils les fragments d'un monde qui existait autre-
« fois dans cette partie du système et qu'une révolution géologique intérieure aura brisé en dissé-
« minant ses débris dans l'espace. »

C. Flammarion, n'étant pas seul à croire possible que les Planètes télescopiques ont trouvé leur
origine dans une révolution géologique antérieure qui aurait fait voler en éclats un monde gigantesque qui existait autrefois dans cette partie du système, nous venons donner quelques explications
de plus sur ce sujet intéressant, afin de fixer, si cela est possible, la véritable origine de tous ces
petits mondes télescopiques.

La formation des planètes télescopiques, survenue par suite d'une éruption volcanique, ne présente guére de solidité sous le rapport scientifique et pourrait bien être considérée comme une erreur, par la raison bien simple qu'une telle catastrophe aurait produit un résultat en tous points contraire à ce qui existe : en effet, toutes les planètes télescopiques ont la forme ronde, c'est-à-dire sphéroïdale, tandis que si elles étaient les fragments d'une sphère qui se serait rompue inopinément, il est évident que ces fragments présenteraient des aspects différents, c'est-à-dire que les uns seraient plats, carrés ou pointus, et que les autres seraient ovales ou triangulaires, ce qui n'est pas, et que si l'on venait objecter que cette dernière forme a pu se modifier au point de devenir sphéroïdale par la durée des temps, il n'y aurait pour anéantir la portée de cet argument qu'à s'appuyer sur la science pour prouver qu'elle n'a pas encore trouvé le moyen de changer l'aspect primitif d'une planète.

Si donc toutes les planètes télescopiques présentent l'aspect de notre terre, il est bien plus simple et plus naturel d'attribuer cette manière d'être à ce que les corpuscules qui formaient cette zone à leur origine étaient doués d'une force de répulsion beaucoup plus considérable que celle qui a présidé à la formation des planètes dans les autres zones, et que la force d'attraction dont ils étaient également doués, étant plus faible, il en est résulté qu'au lieu de se réunir en un seul groupe, ces corpuscules se seront réunis en plusieurs groupes et auront été soumis dans cet état aux lois qui régissent les autres mondes, c'est-à-dire qu'animés du double mouvement de rotation et de translation ils tourneront ainsi autour du soleil, tant que la force de répulsion restera prépondérante.

CONFIGURATION DE JUPITER,
VUE DANS L'ESPACE.

Les habitants de Jupiter jouissent encore du brillant spectacle des fréquentes éclipses qui ont lieu entre lui et ses quatre satellites, c'est même grâce à la fréquence de ces éclipses que Ræmer a fait cette importante découverte. D'après les calculs du savant astronome Galilée, le premier satellite de la Planète se trouve à la distance de cet astre de 108,200 lieues, le second à 170,000, le troisième, le plus volumineux des quatres, à 275,000 et le quatrième à 480,000 lieues. Le diamètre du premier ne mesure pas moins de 1,000 lieues environ, le second de 855 lieues, le troisième de 1,580 lieues et le quatrième de 1,050 lieues ; voilà donc de simples satellites qui sont presque aussi importants par leurs volumes que certaines Planètes principales du système ; la masse de cette majestueuse Planète est si considérable qu'elle vaut plus de 300 fois la masse de notre Terre.

Cette Planète est reconnue comme étant la plus colossale de tout le système ! Eh bien ! qu'on juge de la masse énorme du Soleil par cette comparaison qu'il faudrait 1,050 Jupiters réunis, pour égaler la grosseur du Soleil.

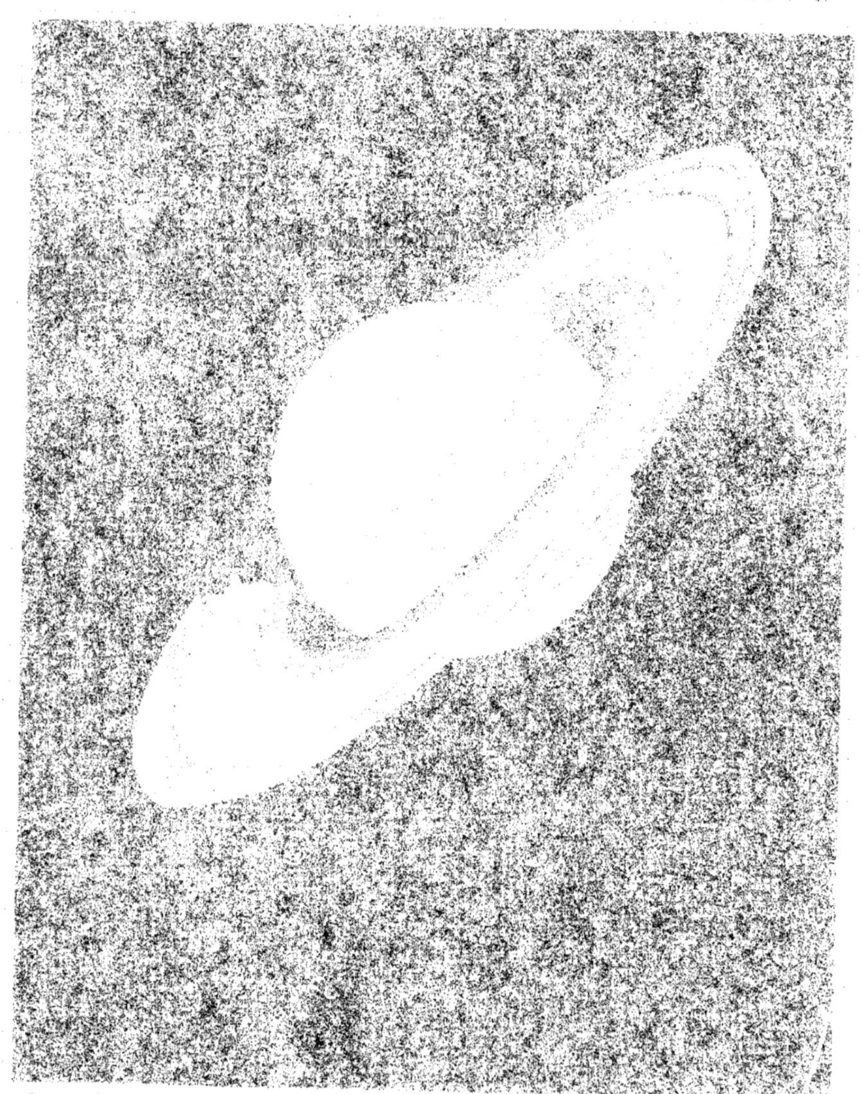

CONFIGURATION DE SATURNE,
VUE DANS L'ESPACE.

SATURNE ♄

La planète *Saturne*, qu'on rencontre à la septième station en partant du Soleil, a mis une distance de 365,000,000 de lieues entre elle et l'astre radieux ; à cette place elle décrit une zone ou plutôt un cercle autour du Soleil, dans son mouvement de translation de l'immense étendue de 2 milliards 300 millions de lieues qu'elle franchit dans l'espace de 30 années, à la vitesse de 2 lieues par seconde seulement ; cette Planète, à la distance où elle se trouve, ne fait que 5 fois et demie le tour du Soleil pendant que la planète Neptune n'en fait qu'un, les habitants de ce monde gigantesque ne comptent que 3 ans 1/4, quand nous comptons un siècle ; elle est, comme toutes les autres Planètes du système, animée d'un mouvement de rotation sur elle-même, c'est-à-dire, sur son axe, qu'elle effectue en 10 heures 80 minutes, par conséquent, comme sur Jupiter, la durée de ses jours et de ses nuits n'est que de 5 heures 40 minutes, sa densité est très-faible, 13 fois moins que la Terre, et 4 fois moins que sa voisine Jupiter, c'est à cette particularité qu'est due la croyance des anciens qui la considéraient comme un globe liquide entouré d'une atmosphère très-épaisse et constamment chargée d'obscurs nuages ; ce monde n'est pas moins de 730 fois plus gros que notre Terre, son diamètre est de 30,000 lieues, et sa circonférence de 96,500 lieues, le balancement de l'axe sur le plan de son orbite est d'environ 21° à son équateur et de 64° à son pôle ; c'est peut-être, comme pour Jupiter, à sa faible densité qu'elle doit sa prodigieuse rapidité dans sa rotation journalière qu'elle accomplit à raison de 6,000 lieues par heure, et aussi à son grand éloignement du Soleil qu'elle doit de ne recevoir de lui qu'une faible lumière ; (98 fois moins que notre Terre). Sa configuration se traduit par l'apparence de bandes plus ou moins foncées et placées parallèlement à son équateur, presque d'égale largeur jusqu'au pôle et n'offrant même à l'aide de puissants télescopes aucune trace d'aspérités montagneuses.

Saturne, plus riche que Jupiter, est entourée de huit lunes, au lieu de quatre et d'une série de trois anneaux superposés sur le même plan dans la direction de l'Équateur. Le premier de ses satellites n'est éloigné de la Planète que de 48,000 lieues, et graduellement en observant une égale distance de l'un à l'autre jusqu'au dernier satellite qui se trouve à 922,000 lieues du noyau de Saturne ; le premier anneau qui entoure la Planète paraît être transparent et obscur, et n'est qu'à 8,300 lieues de distance, son diamètre est de 3,345 lieues, le vide qui le sépare du second est d'environ 900 lieues, le diamètre du second, celui qui paraît le plus ferme et le plus brillant, est de 8,000 lieues, et celui du troisième, de l'anneau extérieur n'est pas moins de 4,000 lieues. Comme on le voit, l'ensemble des trois anneaux présente un diamètre estimé à 16,400 lieues. En calculant le diamètre de la planète proprement dite, l'épaisseur de ses trois anneaux réunis, les distances qui séparent les anneaux entre eux et la distance de la planète aux anneaux, on obtient un développement diamétral pour l'ensemble de la planète Saturne, qui n'est pas moins de 70,000 lieues. Quel spectacle autrement grand et autrement majestueux, pour les habitants de Saturne, à comparer à celui de Jupiter, quels effets de lumière, de couleur et d'ombre, doit offrir à l'œil du spectateur saturnien les fréquentes éclipses de ses huit satellites, c'est tout un système planétaire en miniature et qu'on peut embrasser presque à l'œil nu, tellement les membres qui forment ce système sont rapprochés les uns des autres, nous ne croyons pas même impossible que les habitants de la Planète puissent communiquer facilement avec les habitants de l'anneau ferme et lumineux, la distance qui les sépare est insignifiante et par conséquent ne peut opposer aucun obstacle : si pour aller sur notre Lune, il n'y avait que 8,300 lieues à franchir, il y a longtemps que les habitants de notre Terre seraient allés la visiter et sauraient positivement tout ce qui s'y passe.

Ce qui frappe le plus l'imagination dans la construction de ce merveilleux système, c'est que l'anneau intérieur, formé de vapeurs transparentes, le plus voisin de la Planète, diminue tous les jours, tandis que l'anneau opaque intermédiaire s'élargit dans les mêmes proportions. Si la loi d'attraction qui tend toujours à réunir les corps en groupes, continue son influence dans ce sens, il pourrait bien se faire qu'à un moment donné, les anneaux de Saturne se réunissent à la Planète centrale, l'enserrent comme dans un étau jusqu'à l'incrustation et que, par ce phénomène, les anneaux n'existant plus, elle devienne un monde ferme et homogène, comme les autres Planètes dépassant en grosseur le double du volume de Jupiter et soit considérée à l'avenir, comme la plus puissante, la plus volumineuse et la plus majestueuse de toutes les Planètes du système.

Mais a-t-on songé à la perturbation que causerait cette jonction parmi tous les corps célestes qui l'entourent? Pense-t-on seulement aux terribles résultats que produirait une si épouvantable catastrophe! Si c'est là ce que l'avenir prépare aux habitants trop heureux de Saturne, nous n'avons qu'à nous féliciter au lieu de nous plaindre, de tous les éléments qui nous rendent la vie dure sur notre pauvre Terre, car si son exiguité ne nous procure pas un spectacle égal en grandeur et en magnificence à celui de Saturne, nous n'avons pas au moins à redouter un semblable avenir.

CONFIGURATION D'URANUS
VUE DANS L'ESPACE.

CONFIGURATION DE **NEPTUNE.**
VUE DANS L'ESPACE.

NEPTUNE ○

La planète *Neptune* a été découverte le 23 septembre 1846, par M. Galle, célèbre astronome de Berlin, il y a à peine 27 ans, sur les indications de l'illustre chef de l'Observatoire de Paris, M. Leverrier; c'est la dernière Planète du système solaire, c'est elle qui limite provisoirement sans doute l'étendue de notre tourbillon Planétaire à l'énorme distance du Soleil de *un milliard* 147 millions de lieues; à cette distance Neptune, décrit un cercle autour du Soleil, qui n'a pas moins de 8 *milliards de lieues* d'étendue, la Planète parcourt cette zone entièrement dans l'espace de 165 de nos années, avec la vitesse de 5 kilomètres par seconde, c'est son mouvement de translation, c'est tout naturellement la plus faible des vitesses planétaires de tout le système. La cause de cette petite vitesse, comparativement à celle de la planète Mercure qui est plus grande (47 kilomètres par seconde), provient sans doute de l'influence qu'exerce la masse du Soleil sur ces deux Planètes, qui sont placées, comme on sait, aux deux points extrêmes du système, c'est-à-dire, que le mouvement d'entraînement de Mercure par le Soleil est cent mille fois plus considérable pour cette Planète que pour la planète Neptune qui est aux confins du monde.

Neptune, comme toutes les autres Planètes, fait un mouvement de rotation sur elle-même dans l'espace de 25 heures 16 minutes, l'inclinaison de l'axe sur le plan de son orbite n'étant pas encore connue, on n'a pas pu déterminer la rigueur ou la douceur de ses saisons ; mais nous savons qu'elles durent chacune 41 ans et 3 mois, par conséquent, elle n'a pas encore fini de parcourir la saison pendant laquelle elle a été découverte. Cette Planète est la troisième dans l'ordre des grosseurs par son diamètre qui est de 14,000 lieues, elle est donc 4 fois plus grande que notre Terre et sa masse 17,000 fois moindre que celle du Soleil.

Neptune est pourvue d'une lune seulement, ce satellite parcourt le cercle de ses différentes phases dans l'espace de 5 jours 21 heures environ, à la distance de 100,000 lieues de la Planète ; cette Planète est entourée d'une atmosphère à peu près de même composition et de même élévation que celle de notre Terre et par conséquent propre à donner la vie, comme nous la connaissons; mais comment est-il possible d'exister sur un monde qui reçoit du Soleil 1,346 fois moins de lumière que nous et 2,640 fois moins de chaleur? Comment concevoir la constitution des êtres qui vivent sur cette Planète ?

L'expérience nous apprend qu'il n'y a pas dans tous les corps de la nature, solides ou liquides, aucune espèce capable de résister à un semblable abaissement de température, alors comment expliquer la nature des habitants que tous les savants disent exister sur cette Planète, on ne pourrait certainement pas le faire sans entrer dans le domaine des conjectures et de l'extravagance.

La question se pose de même pour les habitants de Mercure, qui est la Planète la plus rapprochée du Soleil ; là encore, mais dans les mêmes proportions inverses, les habitants semblent plongés dans une fournaise ardente et dans un océan de lumière : comment expliquer la vie dans ces deux milieux extrêmes ? Peut-être pourrait-on trouver l'explication de ce phénomène en cherchant ailleurs que dans le Soleil, la source de la chaleur. Sans approfondir davantage cette question qui est plutôt du domaine de la physique que de l'astronomie, nous dirons simplement qu'il se pourrait bien, que chaque monde portât en lui le principe de la chaleur nécessaire à ses habitants ; dans ce cas, on pourrait conclure, avec quelque raison, que la chaleur est produite par le mouvement et que ce dernier est provoqué par la lumière ; quoiqu'il en soit, nous ne pouvons quant à présent que reconnaître l'utilité de la question, et laisser à d'autres le temps et le soin de résoudre ce difficile problème.

Enfin, nous terminons cette étude élémentaire de notre système solaire, en mettant sous les yeux du lecteur l'opinion d'un des plus grands savants de notre époque, d'Amédée Guillemin, sur la nature des espaces interplanétaires et sur les corps qui forment notre système solaire.

« Si, dit-il, dans son magnifique ouvrage : *Le Ciel*, toute la matière du Soleil et des Planètes était « uniformément répartie dans la sphère qui s'étend jusqu'à Neptune, la densité de l'espace supposé « homogène, ainsi rempli, ne serait guère plus lourd qu'un demi-trillionième de la densité de l'eau, « c'est-à-dire que l'hydrogène, le plus léger des gaz connus, serait encore plus de 400 millions de « fois plus lourd. »

LES COMÈTES.

On a vu qu'outre le Soleil, les Planètes et leurs satellites, il existe, dans l'espace de notre système solaire, une innombrable quantité d'autres corps ; ce sont, en premier lieu, les Comètes, les Etoiles filantes ou Bolides, ou bien encore Aérolithes ; enfin une agrégation considérable de matière disséminée dans l'espace, mais plus particulièrement dans le voisinage du Soleil, et qu'on désigne sous le nom de *Lumière Zodiacale*. Si l'on se rapporte à l'étymologie du mot, Comète signifie *Astre chevelu*. Les Comètes font partie de notre monde solaire pendant qu'elles sont visibles ; elles gravitent autour du Soleil en parcourant des ellipses extrêmement allongées avec des vitesses très-variables ; quelques-unes paraissent pendant quelque temps, pour ne plus revenir ; le plus grand nombre doit revenir périodiquement à des époques plus ou moins éloignées ; il n'y a que celles qui décrivent des courbes hyperboliques ou paraboliques qui ne doivent plus reparaître.

Toutes les Comètes ont le Soleil pour foyer de leur mouvement ; toutes décrivent une courbe très-concave autour de l'Astre radieux, de manière à n'en être éloignées que de quelques mille lieues seulement au passage du point du grand axe. — La première des Comètes dont la périodicité a été très-bien constatée porte le nom de Halley, astronome anglais du XVIIIe siècle ; c'est celle de 1682, dont le retour a été prédit pour le commencement de 1759 ; depuis elle a reparu en 1835 avec une exactitude remarquable. De toutes les Comètes, celle qui accomplit sa révolution autour du Soleil dans le plus court délai, c'est la comète d'Encke ; sa durée est de 1,205 jours, sa courbe varie entre 13 millions et 150 millions de lieues ; elle ne sort pas de notre système solaire comme celle de Halley qui met soixante-seize ans à parcourir son ellipse.

Les Comètes dont le calcul a confirmé le retour sont celles :

d'Encke, dans	3 ans	29 jours, en	octobre	1871,	n°	1
de Vico,	5 »	46 »	novembre	1876,		2
de Winnecke,	5 »	54 »	juin	1874,		3
de Brorsen,	5 »	58 »	juillet	1876,		4
de Cambart,	6 »	61 »	décembre	1878,		5
d'Arrest	6 »	64 »	janvier	1876,		6
de Faye	7 »	44 »	août	1873,		7
de Méchain	13 »	60 »	janvier	1884,		8
et d'Halley	76 »	78 »	....	1910,		9

Suivant les données de Képler, les Comètes sont répandues dans le Ciel avec autant de profusion que les poissons dans l'Océan. L'illustre Arago, adoptant cette hypothèse et fondant ses calculs sur le nombre des Comètes observées entre le Soleil et Mercure, évalue à 17 millions et demi le nombre de ces astres qui sillonnent le système solaire en deçà de ses limites connues. La Comète de 1680 met 8,014 ans à parcourir son ellipse entièrement; celle de 1844 met cent mille ans. — La Comète de 1811, qui ne doit revenir que dans trente siècles, avait une queue de 170 millions de lieues de long et de 45 millions de lieues de large. Toutes les Comètes changent d'aspect même pendant leur courte apparition à notre Terre.

Les Comètes ne sont formées que par des agglomérations de corpuscules qu'elles recueillent dans l'espace, jusqu'à ce qu'elles aient acquis une grosseur suffisante pour devenir Planètes à leur tour, conformément à la loi qui préside à la transformation et à la perfection de tous les corps de la nature; elles brillent de la lumière empruntée au Soleil. — Il est reconnu que les Comètes ne présentent aucun danger, même en cas d'une rencontre avec une Planète, par la raison qu'elles sont toutes plus ou moins gazeuses.

CONFIGURATION DU TOURBILLON

DE

NOTRE SYSTÈME SOLAIRE

VUE DANS L'ESPACE

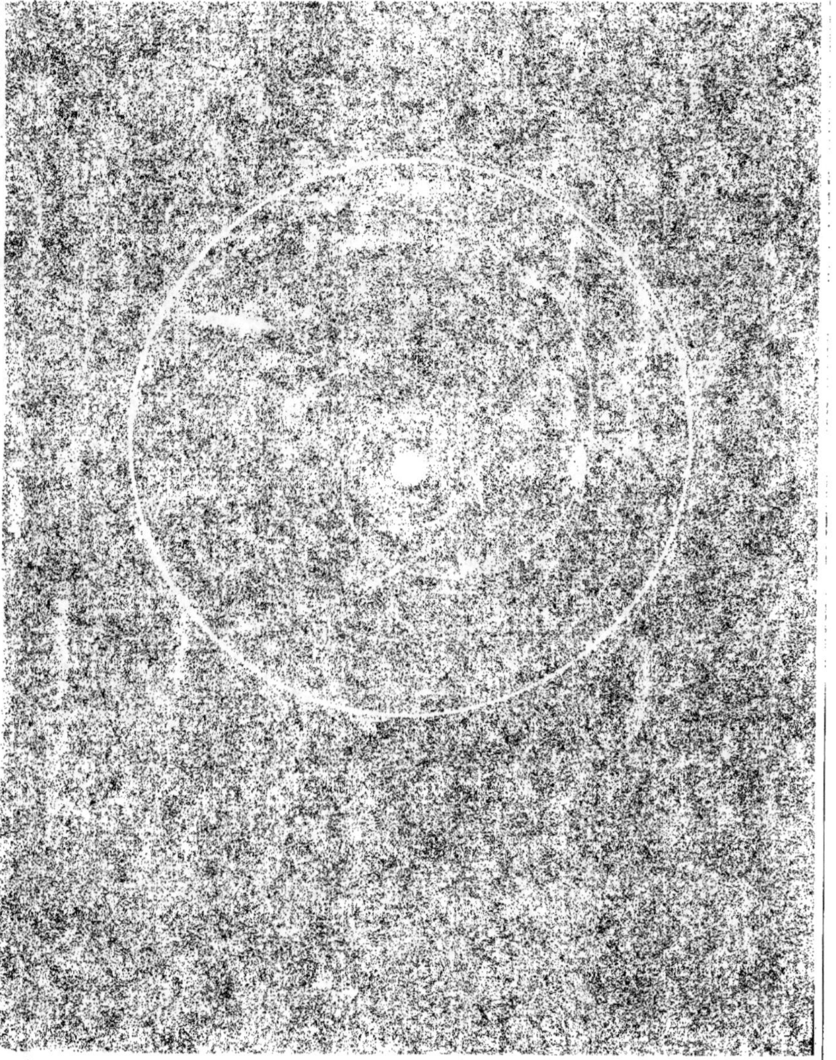

... SOLAIRE.

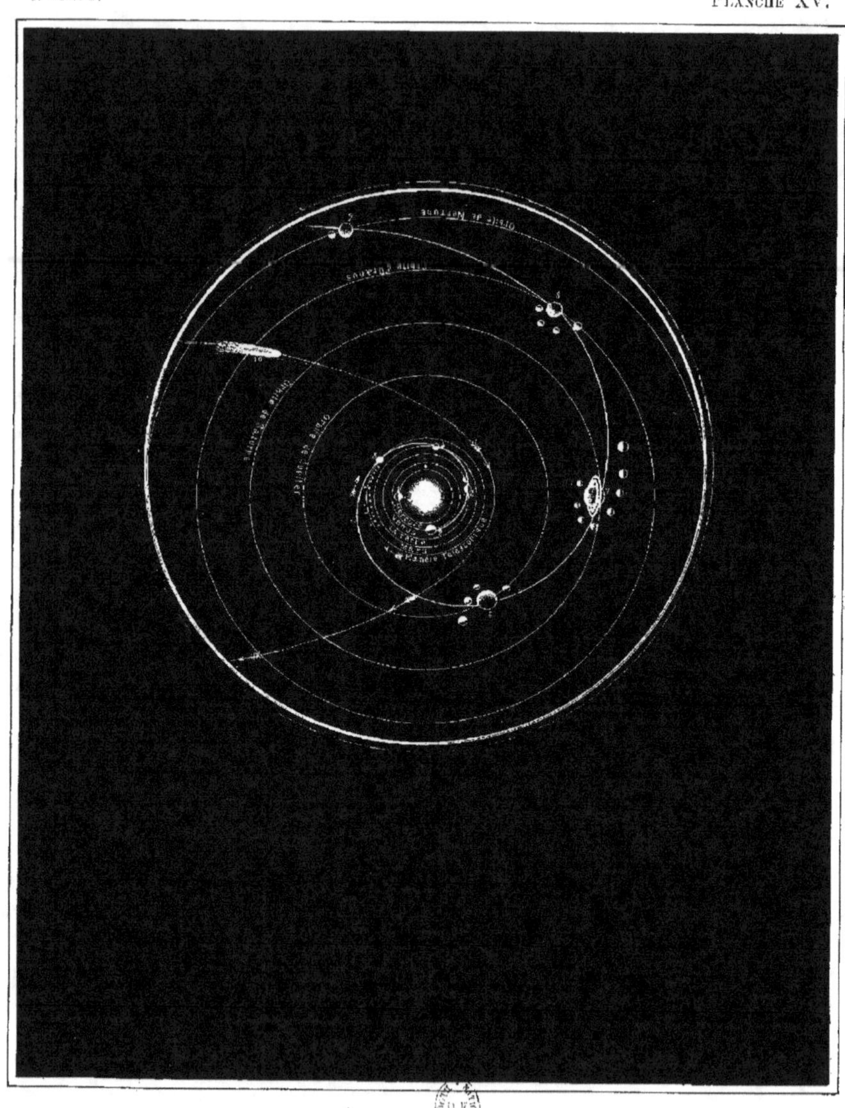

CONFIGURATION DE NOTRE TOURBILLON SOLAIRE,
VUE DANS L'ESPACE.

TABLEAU COMPARATIF

DES

VOLUMES DES DISTANCES ET DES MOUVEMENTS DES PLANÈTES QUI COMPOSENT NOTRE SYSTÈME SOLAIRE.

NOMENCLATURE COSMOGRAPHIQUE DE LA VOUTE CÉLESTE.

Numéros d'ordre selon la distance.	NOMS DES PLANÈTES de NOTRE SYSTÈME SOLAIRE	DISTANCE MOYENNE de chaque Planète au Soleil calculée en lieues.	DURÉE de l'année de chaque Planète.	DURÉE de chaque rotation	DIAMÈTRE de chaque Planète calculé en lieues.	CIRCONFÉRENCE exprimée en lieues.
	Le Soleil.	»	»	25 jours 1/2	345,000	1,082,508
I	Mercure.	14,783,400	88 jours.	24 h. 05 min.	1,200	3,750
II	Vénus.	27,618,600	224 »	23 h. 21 min.	3,000	9,500
III	La Terre.	38,230,000	365 »	23 h. 56 min.	3,333	10,000
IV	Mars	58,178,600	686 »	24 h. 39 min.	1,700	5,375
V	Les 164 Planètes télescopiques.	100,000,000	4 ans	inconnu.	9	La plus petite. 27
VI	Pallas.	»	»	»	246	La plus grande 740
VII	Cérès.	»	»	»	185	555
VIII	Junon.	»	»	»	140	420
IX	Vesta.	»	»	»	100	300
X	Jupiter	198,716,400	11 »	9 h. 55 min.	35,590	111,125
XI	Saturne	364,351,600	30 »	10 h. 18 min	30,800	96,500
XII	Uranus	732,752,400	84 »	23 h. 15 min.	13,700	41,100
XIII	Neptune.	1,147,528,000	164 »	24 h. 27 min.	14,000	42,000
XIV	Comète de Halley	Son retour périodique a lieu tous les 76 ans, 2 mois et 18 jours.				

NOMS DES CONSTELLATIONS ET DES PRINCIPALES ÉTOILES.

1. Sirius *.
2. Orion °.
3. Théta *.
4. Bételgeuse *.
5. Castor *.
6. Pollux *.
7. Le Lion °.
8. Petit Lion °.
9. La Coupe °.
10. La Vierge °.
11. L'Épi °.
12. L'Hydre °.
13. Chevelure de Bérénice °.
14. Grande Ourse °.
15. Petite Ourse °.
16. Dragon °.
17. La Polaire *.
18. La Girafe °.
19. La Croix du Sud °.
20. Le Centaure *.
21. Le Bouvier °.
22. Arcturus *.
23. Arctarès *.
24. Le Cygne °.
25. La Lyre *.
26. Béta *.
27. Véga *.
28. Hercule °.
29. Le Scorpion °.
30. La Couronne °.
31. Le Serpent °.
32. Le Paon °.
33. La Balance °.
34. Le Loup °.
35. Le Triangle °.
36. L'Indien °.
37. Petite Grue °.
38. L'Autel °.
39. Le Sagittaire °.
40. Achernar *.
41. L'Éridan °.
42. L'Hôtel °.
43. Le Dauphin °.
44. Le Capricorne °.
45. Poisson Austral °.
46. Fomalhaut *.
47. Le Verseau °.
48. Persée °.
49. L'Étoile de 1572 *.
50. Cassiopée °.
51. Gamma *.
52. Pégase °.
53. Algenib *.
54. Andromède °.
55. Les Poissons °.
56. Algol *.
57. La Baleine °.
58. Le Bélier *.
59. Licorne °.
60. Grande Grue °.
61. La Colombe °.
62. Les Gémeaux °.
63. Procyon *.
64. Le Navire °.
65. La Boussole °.
66. Le Cancer °.
67. Le Lièvre °.
68. Céphée °.
69. Aldebaran *.
70. Le Taureau °.
71. Les Pléïades °.
72. Rigel *.
73. Hercule °.
74. Le petit Chien °.
75. Le grand Chien °.

La lettre °, indique les constellations et le signe *, indique les étoiles.

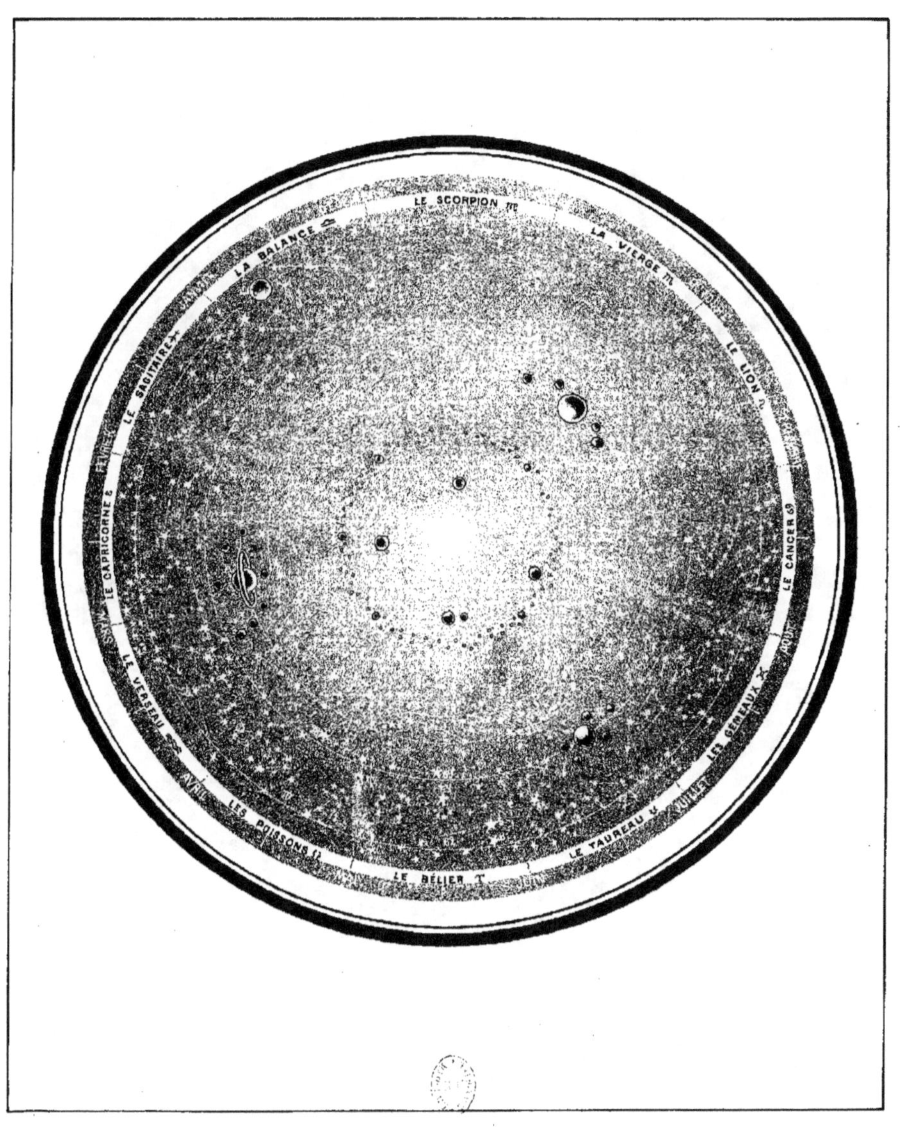

COSMOGRAPHIE DE LA VOUTE CÉLESTE.

LES ÉTOILES FILANTES OU LES MÉTÉORES.

Il ne se passe pas de nuits, quand le Ciel est complétement découvert de nuages, qu'un observateur n'aperçoive une ou plusieurs Etoiles filantes. Le nombre de ces étoiles, qu'on peut observer chaque nuit, est très-variable, les apparitions sont si nombreuses à certaines heures de la nuit, elles se succèdent avec tant de rapidité, qu'on a donné au phénomène le nom caractéristique de *Pluie d'étoiles* ; *Essaim d'Étoiles*, etc. Le savant professeur Newton s'est assuré que douze observateurs voient en moyenne cinq fois autant d'Etoiles filantes qu'un seul ; il a été ainsi conduit à admettre une moyenne de 30,000 Étoiles filantes visibles à l'œil nu en une heure, s'il faisait nuit sur tout le globe terrestre et si la voûte du Ciel était observée à la fois dans 10,000 stations différentes, composées chacune de 12 observateurs ; c'est plus de 26 millions d'Etoiles filantes qu'on verrait chaque année. Le Ciel observé au télescope, c'est par milliards que la voûte azurée serait sillonnée chaque année. Il est aujourd'hui prouvé que leur origine est *cosmique* ou extra-terrestre ; en un mot, ce sont des corps qui circulent dans les régions interplanétaires : ces météores atmosphériques y prenant naissance, s'allument par le frottement, en contact les uns avec les autres, et s'éteignent dans les hautes régions de l'air. — Cette origine avait été soupçonnée même par les anciens, mais c'est seulement depuis le siècle dernier, que CHLADIN l'a appuyée par des preuves positives.

Enfin, dans le mois de janvier 1840, a eu lieu une averse météorique, dont les anciennes traditions paraissent avoir noté le souvenir et qui a été observée à trois points différents, et plus spécialement par le savant directeur de l'Observatoire de Bruxelles, M. Quetelet, qui est l'auteur de plusieurs découvertes importantes dans l'astronomie ; du reste, voici l'opinion de l'illustre sir John Hœrschel, dans une lettre adressée à M. le directeur Quetelet sur les Etoiles filantes : « Comme l'incandescence de ces corps ne semble pas pouvoir être attribuée à une autre cause qu'à la chaleur développée par le frottement de leur masse contre les particules atmosphériques, avec ou sans développement d'électricité, ou si l'on veut, par la transformation de leur force vive, les faits qui précèdent, tendent à prouver que l'atmosphère terrestre est beaucoup plus élevée qu'on ne le croyait. D'après les mesures crépusculaires, la grande élévation des Etoiles filantes fait soupçonner une atmosphère supérieure à l'atmosphère aérienne plus légère et pour ainsi dire plus ignée. » Dans les pluies d'Etoiles filantes, se trouvent quelquefois des météores qui ne diffèrent des étoiles que par leur volume et leur état physique ; ce sont les *Bolides* ; ils sont tantôt brillants, tantôt obscurs, tantôt aussi, ils laissent en marchant une traînée phosphorescente plus ou moins lumineuse et présentent quelquefois les couleurs de l'arc-en-ciel. Les Bolides sont de même origine que les Etoiles filantes. Les *Aréolithes*, ou pierres tombées du Ciel, sont tout à fait identiques aux Bolides. Ce qui est certain, c'est qu'on cite un certain nombre de pluies de pierres, qui ont été précédées ou accompagnées de l'apparition d'un Aérolithe : le 26 avril 1803, à Laigle, département de l'Orne, en France, une explosion épouvantable suivie de détonation, pareille au bruit du canon et d'un feu de mousqueterie, partit d'un nuage noir isolé dans un ciel très-pur. Un grand nombre de pierres encore fumantes furent trouvées sur le sol, sur une étendue de plus de onze kilomètres.

C'est surtout dans les soirées de mars et d'avril, qu'on aperçoit le mieux la *Lumière Zodiacale*. Les spectateurs non prévenus ou peu familiers avec l'aspect du Ciel, pourraient la confondre avec une aurore boréale, mais sa forme conique, semblable à un fuseau lumineux, fait vite changer d'opinion. L'éclat dont brille cette lueur est comparable à la Voie Lactée. — L'entourage des grandes villes est peu propre à voir ce phénomène, à cause de la grande quantité de becs de gaz qui les éclairent.

Quant à sa nature, Laplace dit « qu'elle est formée, dans les zones abandonnées par l'atmosphère primitive du Soleil, de molécules trop volatiles pour s'unir entre elles ou aux Planètes ; elles doivent, en continuant de circuler autour de cet astre, offrir tous les effets de la lumière zodiacale, sans opposer de résistance, parce que leur mouvement est le même que celui des Planètes qu'elles rencontrent. »

Avant d'entrer dans le monde des Etoiles, je prie le lecteur d'imaginer un cercle de 2 milliards 394 millions 345 mille lieues de diamètre, par conséquent d'une circonférence de 7 milliards de lieues environ, et il aura l'espace dans lequel est contenu tout le système solaire, sans préjudice des découvertes qui pourront être faites ultérieurement et qui éloigneront ce cercle à des distances inconnues. Provisoirement, voilà le système solaire, notre tourbillon enfin, tel qu'il est connu par les savants d'aujourd'hui. La lumière, qui franchit 70 mille lieues par seconde, mettrait 8 heures 17 minutes pour parcourir d'un bout à l'autre la ligne diamétrale, et 24 heures 51 minutes pour franchir la circonférence du cercle, c'est-à-dire, qu'un boulet de canon lancé avec la vitesse de 500 mètres par seconde, sans jamais se ralentir, mettrait pour la première distance 652 ans et pour la seconde 1,956 ans.

Eh bien, ces énormes distances ne sont rien en comparaison de ce qui va suivre : de Neptune, extrême limite de notre monde solaire, à l'étoile la plus voisine, l'Alpha, de la constellation du *Centaure*, la plus courte de toutes les distances extra-planétaires, il faudrait un rayon solaire qui marche avec une vitesse de 70 mille lieues par seconde, 3 ans et 55 jours pour arriver à elle, c'est-à-dire, à l'étoile la plus rapprochée de nous ; du même point à Sirius, il faudrait au rayon solaire 15 ans 10 jours ; du même point à la *Grande-Ourse*, il faudrait au rayon solaire 24 ans 40 jours et pour arriver à l'étoile polaire la Chèvre, il faudrait au rayon solaire 70 ans 53 jours. — Cette étoile se trouve à la distance de 165 milliards 800 millions de lieues de Neptune.

Les Etoiles ont un caractère spécial, c'est que leurs diamètres sont sans dimensions appréciables à l'œil nu, cette distinction serait insuffisante ; mais tandis que le grossissement des instruments d'optique nous montre les Planètes principales sous la forme de disques nettement terminés, les lunettes les plus puissantes ne font jamais voir une étoile que comme un point lumineux, sans dimensions. — Wollartod affirme que le diamètre apparent de la plus brillante étoile du Ciel, Sirius ne vaut pas la cinquantième partie d'une seconde d'arc, et à la distance où il se trouve de nous, un diamètre apparent aussi petit représenterait encore un diamètre réel de 4 millions 500 mille lieues, c'est 12 fois la grosseur de notre Soleil. Les Étoiles sont classées par ordre de grandeur ; les six premières grandeurs comprennent toutes les Étoiles visibles à l'œil nu, elles sont au nombre de 3256, d'après le catalogue d'Argelanger ; mais c'est par centaines de millions qu'on les voit à l'aide du télescope.

Il est dès longtemps reconnu, que toutes les Étoiles sont autant de soleils, éclairant chacun un système planétaire plus ou moins semblable au nôtre et dont l'ensemble forme des tourbillons dont l'énumération et l'étendue ne pourraient pas être comptées en secondes, représentant chacune 100 millions de lieues pendant cent ans.

Pour qu'on puisse se reconnaître dans ce monde considérable d'Étoiles, les astronomes les ont divisées par groupes, et ils ont appelé ces groupes Constellations.

On se sert ordinairement de l'Étoile polaire pour s'orienter dans le Ciel, parce qu'elle reste visible presque toute l'année dans le voisinage du Pôle nord, c'est l'Étoile la plus brillante de la constellation de la *Petite-Ourse*; à côté se trouve la *Grande-Ourse*. Ces deux constellations sont composées de 7 étoiles chacune et rangées de la même façon, mais en sens inverse.

Cassiopée est aussi une constellation facile à reconnaître; elle est toujours opposée à la Grande-Ourse, relativement à cette dernière étoile et à peu près à la même distance; mais tandis que la Polaire paraît immobile, les étoiles de *Cassiopée* et de la *Grande-Ourse* et toutes les autres constellations décrivent des cercles, de manière à occuper des positions très-différentes, relativement à l'horizon, selon les époques.

Entre *Cassiopée* et la *Grande-Ourse* et entourant la *Petite-Ourse*, on aperçoit trois constellations : *Céphée*, la *Girafe* et le *Dragon*; parmi les constellations de l'horizon de Paris, il faut citer encore le *Cocher*, dont la Chèvre est l'étoile supérieure, *Persée*, dans le voisinage du *Cocher*, et le *Cygne* qui circule du zénith à l'horizon.

La Voie Lactée traverse la zone circumpolaire et les constellations de *Persée*, de *Cassiopée* et du *Cygne*. La zone qui environne l'Équateur céleste, comprend les constellations les plus brillantes du Ciel, ce sont : la constellation du *Lion* et du *Bouvier*, où brille Arcturus, étoile de première grandeur, de la *Chevelure de Bérénice*, de la *Vierge*, de la *Couronne boréale*, d'*Hercule*, de la *Lyre*, de *Wéga*, etc., etc.

Dans la zone des étoiles circumpolaires australes, invisibles sur l'horizon de Paris, nous nous contenterons de citer les constellations les plus brillantes, celles notamment qui suivent la Voie Lactée, ce sont : le *Navire* ou *Argo*, dont Canopus est la plus brillante, la *Croix du Sud*, formée de 4 étoiles de premier ordre, le *Centaure*, où se trouvent deux étoiles de première grandeur, l'Éridan et Achernar. Enfin, il se produit un mouvement formidable par tout ce qui existe dans l'espace, c'est dans ce tourbillon général que l'ensemble de notre tourbillon solaire avance annuellement de 239 millions 450 mille kilomètres.

Dans la profondeur de l'Univers et entre les constellations, on aperçoit des étoiles imperceptibles presque à l'œil nu et qu'on appelle *nébuleuses*; ce petit point dans l'espace n'est autre chose qu'un amas de soleil dont l'éloignement est incalculable, et dans sa plus grande vitesse, le rayon solaire n'y arriverait pas en cent mille ans. Comme le dit le livre *De la pluralité des mondes*, rendu si populaire par le savant Camille Flammarion, je dirai que grâce aux découvertes de l'astronomie, nous connaissons la grandeur comparative de l'Univers et l'exiguïté de notre Terre, l'immensité de l'espace, la pluralité des mondes habités, les distances des astres et le nombre incommensurable de ceux-ci, les lois qui les régissent, les forces qui les soutiennent et qui les animent; nous avons vu l'Univers dérouler ses magnificences sous nos yeux.

Par ces considérations sublimes, tout s'est ennobli, tout s'est divinisé, Dieu lui-même nous paraît plus grand, plus puissant, plus majestueux encore. Fascinés et confondus par un tel spectacle, unissant nos voix au concert de la Nature universelle, nous dirons du fond de notre âme : Dieu Puissant, que nous étions insensés de croire que tout finissait ici-bas et qu'il n'y avait rien au delà de la Terre !

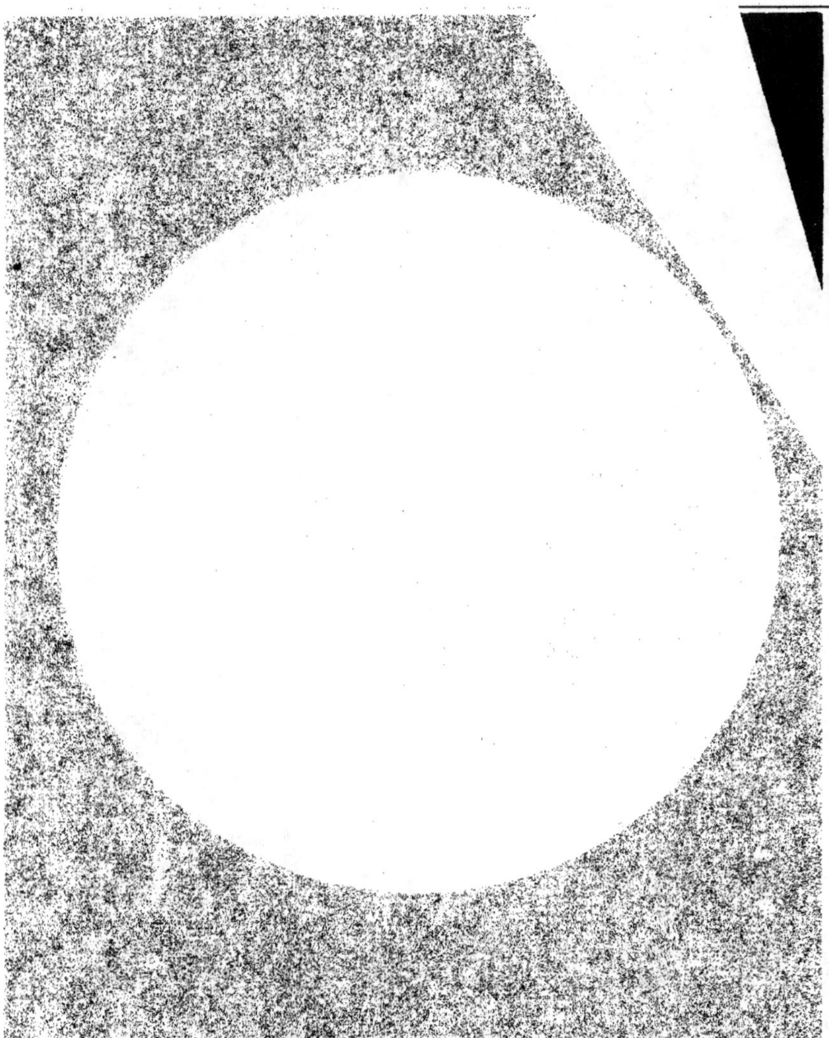

Pl. XVII.

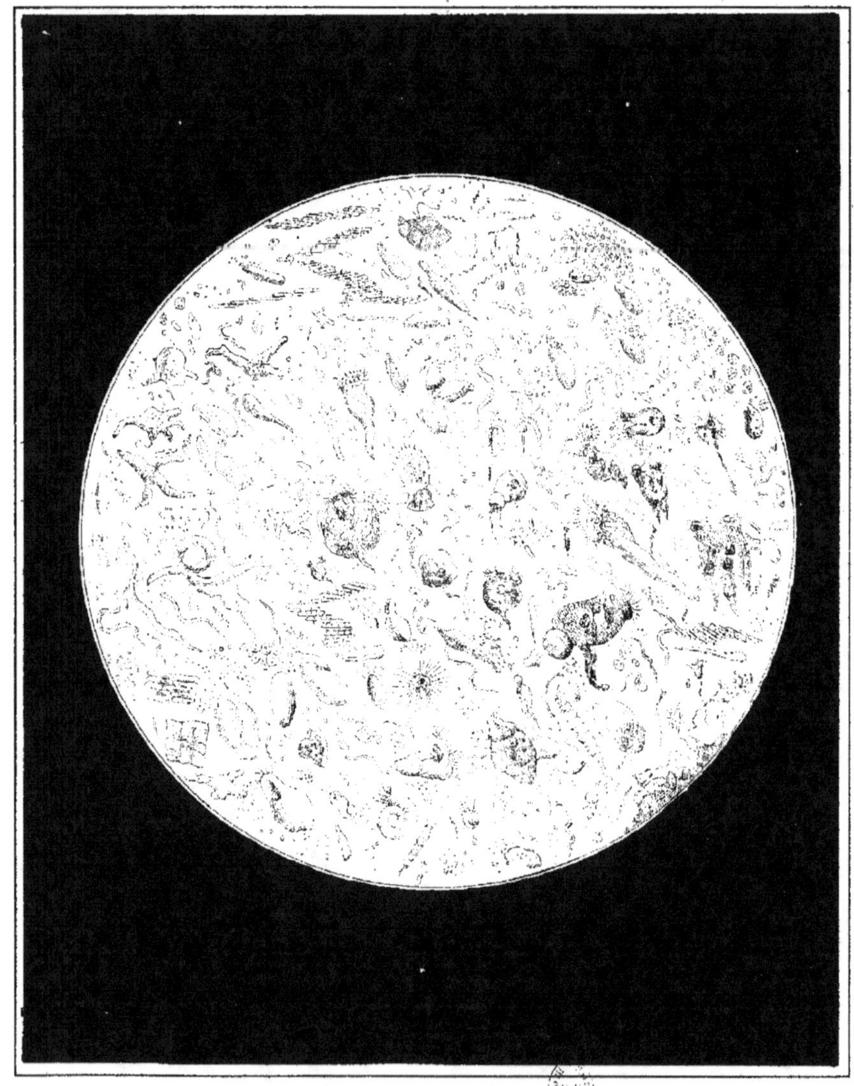

GOUTTE D'EAU
GROSSIE DE 1,600 FOIS SON VOLUME

CONCLUSION PHILOSOPHIQUE.

Et maintenant, cher lecteur, que vous connaissez l'immensité de l'espace, la quantité innombrable des corps célestes qui l'habitent, la grandeur et la majesté de la création entière, la voûte céleste où brillent au-dessus de notre tête un nombre incalculable de soleils, qui éclairent des mondes mille fois plus considérables que le nôtre à des distances prodigieuses et peuplés d'êtres vivants, pensant et agissant comme nous, dans des proportions tellement grandes que notre imagination ne peut ni en concevoir la profondeur ni en compter le nombre, n'êtes-vous pas confondu en présence d'un tel spectacle? A présent que vous connaissez les lois qui régissent l'Univers, c'est-à-dire, les lois de gravitation, d'attraction, de répulsion, centripète et centrifuge, de condensation, d'agrégation et de désagrégation, de translation, d'équilibre et de pesanteur, les volumes des corps célestes, leur prodigieuse vitesse, leurs mouvements et leur densité ; pensez-vous qu'une telle harmonie dans cette immense création puisse être l'œuvre du hasard ? Et ne traiteriez-vous pas d'insensé quiconque oserait plaider en faveur de l'affirmative ?

L'œuvre de la création est divine, c'est-à-dire, qu'un génie supérieur a présidé de tout temps à sa formation : ce génie, qu'on est convenu d'appeler Dieu, remplit l'Univers de sa puissance et de ses vertus.

Les matérialistes, au contraire, disent que ce vaste Univers n'est que le produit d'une révolution incessante, qu'à force de trouble de chaos et de désordre, il en est sorti l'ordre, c'est-à-dire, l'équilibre et toutes les lois qui le dirigent, considérant en pure perte, le temps et l'intelligence qu'ont mis pour découvrir ces lois, les hommes de génie dont l'humanité s'honore : Newton, Laplace, Copernic, Képler, Galilée, etc., etc. Ils disent encore que la matière a existé de tout temps, que cette matière répandue dans toute l'étendue de la cosmogonie universelle est la source unique d'où sont sortis tous les êtres vivants, hommes ou plantes, qu'ils viennent au monde avec des aptitudes différentes, selon le milieu où ils ont pris naissance, sans but, c'est-à-dire, au hasard, semblables à une goutte d'eau qu'on retirerait de l'Océan, pour l'y replonger ensuite, après avoir subi pendant un certain temps sur la terre les différentes transformations dont elle est susceptible. Ils prétendent que la création de l'Univers suppose un commencement, qu'avant il n'y avait rien, et que de rien Dieu n'a pas pu faire quelque chose, que par conséquent la matière, c'est Dieu, puisqu'elle n'a pas eu de commencement, que l'homme, après la mort ne conserve plus son individualité ; qu'il retourne à la masse, c'est-à-dire, à l'océan de la matière d'où il est sorti, pour renaître ensuite sans mémoire du passé et avec des aptitudes différentes, selon le milieu des atomes où il a été de nouveau formé,

Voilà, à peu près, les plus puissants arguments qu'invoquent les matérialistes pour faire triompher leur opinion : la négation de Dieu Pour eux, la base sur laquelle repose toute la création, c'est la matière, et, suivant Buchner et Malescot, leurs maîtres, dans cette doctrine : La matière est supérieure et dirige tout, l'esprit qui n'en est que la conséquence lui obéit ; de la matière naît l'esprit et l'intelligence, et pour justifier ce phénomène, ils n'ont eu d'autre ressource que de s'appuyer sur la chimie organique pour trouver dans cette science, selon leur opinion, des preuves capables de confirmer cette thèse. En effet, la chimie nous enseigne bien que deux atomes différents mis en contact l'un avec l'autre produisent un corps différent et qu'en se combinant ensemble, ils en forment un troisième qui possède des propriétés nouvelles ; c'est ainsi, par exemple, que l'oxygène et l'hydrogène, qui sont des gaz invisibles, étant chimiquement combinés forment l'eau qui est un troisième corps et qui possède des propriétés différentes des deux premiers. La composition et la décomposition des corps a lieu par suite du degré d'affinité que les principes élémentaires ont les uns pour les autres. La formation de l'eau, par exemple, résulte de l'affinité réciproque de l'oxygène et de l'hydrogène ; mais si l'on met en contact avec l'eau un corps ayant pour l'oxygène plus d'affinité que celui-ci n'en a pour l'hydrogène, l'eau se décompose ; l'oxygène est absorbé, l'hydrogène devient libre et il n'y a plus d'eau.

Le même phénomène se produit quand l'opération a lieu avec des corps solides, c'est ainsi, par un nouvel exemple, que si l'on combine dans certaines proportions l'oxygène avec le carbone, le soufre ou le phosphore, l'on forme les acides carbonique, sulfurique et phosphorique ; l'oxygène et le fer forment l'oxyde de fer ou rouille ; l'oxygène et le plomb forment les oxydes de plomb, communément appelés : litharge, blanc de céruse et minium qui sont tous les trois extrêmement vénéneux.

L'oxygène combiné encore avec les métaux appelés calcium, sodium et potassium, forme la chaux, la soude et la potasse. La chaux unie à l'acide carbonique, forme les carbonates de chaux ou pierres calcaires, c'est-à-dire, le marbre, la craie, la pierre à bâtir, les stalactites des grottes ; unie à l'acide sulfurique, elle forme le sulfate de chaux ou plâtre et l'albâtre ; unie à l'acide phosphorique, le phosphate de chaux, base solide des os ; l'hydrogène et le chlore forment l'acide hydrochlorique, l'acide hydrochlorique et la soude forment l'hydrochlorate de soude ou sel marin. Telle est, en peu de mots, la loi qui préside en général à la formation de tous les corps de la Nature.

Mais ces résultats seront toujours automatiques aussi longtemps que l'on respectera les mêmes proportions, vous répéteriez ces opérations toute l'éternité que vous auriez toujours le même résultat, cela ne peut pas constituer l'intelligence dans ses plus simples manifestations ; que si vous combinez les corps de la Nature sans formuler des proportions, c'est-à-dire, sans calcul préalable, vous n'obtiendrez jamais que des résultats négatifs qu'il vous sera impossible de désigner par aucune appellation quelconque, précisement parce que l'on aura opéré au hasard, c'est-à-dire, sans la participation de l'intelligence.

Mais une des particularités les plus extravagantes de la doctrine des matérialistes, c'est d'avoir trouvé dans les végétaux, le plus d'éléments propres à former la matière cérébrale qui entoure le cerveau, et qui, selon Darwin, Buchner et Liebnitz, est le siége et la source de l'esprit et de l'intelligence ; que parmi les végétaux, ce sont les lentilles, les pois et les haricots qui en possèdent le plus, de telle sorte qu'il résulterait de cette manière de voir, qu'il suffirait à un homme de se nourrir de préférence de ces trois légumes pour avoir plus d'esprit et plus d'intelligence que celui qui se nourrirait de pain, de vin et de chair ; de semblables aberrations ne se discutent pas.

De plus, ils affirment (et en qualité de docteurs en médecine, ils sont plus compétents que d'autres pour le savoir), que les atomes qui composent le corps humain et même le corps de tous les êtres vivants, se renouvellent entièrement tous les trente jours, de telle sorte que le corps d'un homme, plus heureux que mon habit, serait remis à neuf tous les mois ; dans ce cas, et la mémoire qu'en faites-vous ? Est-ce que les nouveaux atomes auront les mêmes propriétés et les mêmes aptitudes que ceux qui sont partis, pour pouvoir conserver les conceptions que les anciens atomes avaient formées et le degré d'intelligence qu'ils avaient acquis ? Les projets que l'homme forme, n'importe à quel âge, sont presque toujours poursuivis avec une persévérance inouïe, qui dure jusqu'à la réalisation des projets qu'il a formés ; cette persévérance dure quelquefois des jours, des mois, des années et même jusqu'à la mort. Si les atomes nouveaux n'avaient pas les mêmes propriétés et les mêmes aptitudes que les anciens, les actes et les effets seraient différents des premiers et par conséquent, plus de mémoire pour les projets formés par les anciens atomes ; que s'ils sont les mêmes : même pensée, même intelligence, même conception, même aptitude, etc., etc., enfin, l'homme serait un véritable automate. Ou bien il y a des atomes meilleurs les uns que les autres, et dans ce cas, je voudrais bien savoir comment la Nature les choisit, où elle les prend, comment elle fait pour reconnaître les bons d'entre les mauvais, le motif qui les lui fait distribuer arbitrairement, à certains les bons, à d'autres les mauvais, et d'où vient cette préférence ?

On voit clairement par ce raisonnement, que si cette manière d'interpréter la création était vraie, elle ramènerait fatalement l'homme à l'état brut, c'est-à-dire, à l'ignorance des âges primitifs, et de plus l'homme serait, par ce fait, le monstre le plus redoutable de la Nature, parce qu'il n'aurait plus la responsabilité de ses actes ni plus de frein pour opposer aux débordements de ses passions.

En d'autres termes, plus de libre arbitre, plus de progrès, plus de vertus civiques ; inutile de faire des efforts pour devenir meilleur qu'on est, inutile de vaincre ses passions ; débordement de tous les vices, plus d'honneur, plus de caractère, plus de génie, plus de dévouement, plus d'amour, plus de bravoure, plus rien enfin de tout ce que nous nous plaisons à respecter, à honorer chez les hommes supérieurs et chez tous ceux qui se distinguent par leurs vertus civiques ; la Nature ne serait qu'une marâtre et il n'y aurait pas assez d'imprécations dans toute l'humanité pour la maudire.

Un autre argument que les matérialistes invoquent en faveur de leur thèse, c'est la doctrine d'Epicure. Voici comment ils l'expliquent :

« Votre Dieu, répondait-il à Socrate, n'existe pas, par conséquent il ne peut pas être tout-puissant, ni infiniment bon. S'il était ce que vous dites, il empêcherait le mal et les injustices qui se commettent ici-bas, s'il ne l'empêche pas, c'est parce qu'il est impuissant, et s'il a le pouvoir de les empêcher et qu'il ne le fasse pas, votre Dieu n'est qu'un monstre hors nature, mille fois plus hideux que le dernier des animaux. » Voilà leur grand cheval de bataille, le raisonnement qu'ils qualifient d'invulnérable.

D'abord, Epicure n'a jamais tenu un semblable langage, ni dans ses discours, ni dans ses écrits. Il passait, au contraire, à Athènes pour le plus grand puritain de la morale.

Ce grand philosophe est né à Samos, 341 ans avant l'ère chrétienne ; il était, selon Lucrèce, le plus hardi, le plus vaillant et le plus fécond de tous les auteurs grecs, il étudia la doctrine d'Anaxgore, de Démocrite et d'Archélaüs, c'est à l'âge de dix-huit ans qu'il commença à discourir publiquement à Athènes. La simplicité et la justesse de ses raisonnements inspiraient la confiance ; ses mœurs commandaient l'estime et son éloquence entraînante prêtait des armes à la force de son génie. Sa célébrité s'accrut rapidement, chaque jour la morale divine de sa doctrine ajoutait à sa gloire ; le monde civilisé retentit de son nom au point que l'élite de la Grèce s'empressa d'augmenter le nombre de ses disciples.

Épicure considérait les Dieux, comme toujours calmes, toujours bons, jetant sur la Terre des regards satisfaits et souriant toujours au bonheur des hommes, tandis que les stoïciens de cette époque, au contraire, en faisaient des tyrans, uniquement occupés à épier les moindres faiblesses humaines, pour se donner le malin plaisir de les punir cruellement. Épicure, dont l'âme noble et pure se faisait une juste idée de l'intelligence suprême, attachait l'homme à la Divinité par la reconnaissance.

« Pour être heureux, disait-il dans ses discours, il faut souvent faire des sacrifices à la Nature ;
« il faut aussi calculer si le bien que l'on désire vaut le prix qu'il doit coûter, il disait encore à ses
« disciples : Usez de vos facultés, n'en abusez jamais, ne sacrifiez pas de longs jours à une courte
« jouissance, ne contrariez jamais la Nature de votre conscience, évitez les excès et que la sobriété
« et la modération vous servent toujours de guide dans votre conduite. »

Telle était la doctrine de ce savant philosophe que Lucrèce embellit des charmes de la poésie
latine dans son poème *De la Nature des choses.*

C'est en 484 de l'ère chrétienne que s'établit pour la première fois, en Chine même, une secte de
philosophes sous le nom d'*Epicuriens*, c'est là qu'elle commença à perdre une partie de sa pureté
primitive. Gassendi fut le premier qui fit connaître la philosophie d'Epicure au siècle de Louis XIV,
mais cette fois entièrement défigurée ; Walter, ensuite, parvint à la propager à la cour voluptueuse
de Charles II d'Angleterre, où tant d'hommes d'esprit, mais d'un talent médiocre, insultaient à
l'infortune et à la misère du premier des poètes anglais. Ces hommes, couverts de la fange du crime
et du vice, s'enivrant de tous les plaisirs au milieu de femmes impudiques que Milton appelle les
Bacchantes de cour, se parèrent avec empressement du titre d'Epicuriens. Bientôt ce titre cessa
d'être une dérision. Epicure vantait la volupté : vite on range donc volontiers les voluptueux parmi
ses sectateurs ; on oublie que la volupté préconisée par Epicure, consiste dans l'art d'éviter les
excès, de vivre de peu pour satisfaire simplement ses besoins et surtout de posséder une âme calme
au milieu des séductions de la fortune, comme dans les angoisses du malheur. Voilà les maximes
de l'homme auquel on attribue une doctrine matérialiste, qui est d'autant plus ridicule, que ses écrits
et les actes de toute sa vie sont tout à fait contraires à ces principes de débauche, qui ne sont pra-
tiqués que par les cœurs corrompus habitués à n'envisager la vie qu'autant qu'elle procure des jouissances dégradantes et matérielles, indignes de tout homme d'honneur. Les véritables disciples
d'Epicure sont tous ceux qui puisent leurs vertus dans les principes de la morale indispensable, à
quiconque aspire à l'estime des honnêtes gens.

Comme tous les hommes qui portent l'étiquette de savants, sauf un petit nombre de glorieuses
exceptions, continuent malheureusement à montrer un souverain mépris pour les idées philoso-
phiques, nous allons en quelques mots, et en nous inspirant de l'inexorable logique, développer
comme nous le concevons le but de la création.

Le plus petit mouvement, l'idée la plus simple de l'homme ne se produit pas sans but, rien de ce
qui vit dans la Nature ne s'agite sans but ; le puceron, la mite, le galloncèle, l'infusoire qui habite
dans la profondeur des mers a un but et le créateur n'en aurait pas ? L'existence des causes finales
est attestée dans chacun de nous par sa propre conscience. A moins d'être insensé ou ivre, quel
est l'homme qui agit sans but ? quel est l'homme qui, poussé par le besoin, l'intérêt, la passion ou
toute autre cause, ne poursuit pas la fin désirée, et comme avant l'action, par les moyens qu'il juge
les plus efficaces ? Il n'y a ni parti-pris, ni raisonnement, ni objection qui puisse prévaloir contre
un fait aussi primitif et aussi simple : en voyant faire à nos semblables ce que nous faisons, il est
clairement démontré qu'ils poursuivent les mêmes fins. S'ils chassent et s'ils pêchent, c'est évidem-
ment pour se nourrir ; s'ils bâtissent, c'est pour se construire des maisons ; s'ils filent, s'ils tissent,
c'est pour se faire des vêtements, s'il taillent le marbre et la pierre, s'il coulent le bronze, c'est pour
imiter les belles formes de la Nature et se procurer la joie de les contempler à loisir.

Voilà donc les causes finales devenues une réalité, une vérité d'expérience absolument incontestable dans l'homme ; et si elles sont dans l'homme, pourquoi ne seraient-elles pas dans la Nature ?
On remarque absolument la même chose dans la Nature animale, surtout chez les espèces supérieures qui par leurs actes, sans néanmoins dépasser la sphère des besoins physiques portent des
traces évidentes de réflexion. Les animaux chasseurs, pour saisir leur proie, emploient des pièges
et des ruses qui varient suivant les circonstances. Les animaux constructeurs savent également se
plier à la nécessité pour le choix des matériaux dont ils font usage pour la forme de leurs demeures.

D'autres bêtes, faisant en été des provisions pour l'hiver, les réunissent dans des magasins propres à les contenir et à les conserver. Que des actes tout à fait semblables soient accomplis sous nos yeux par des sauvages, nous ne manquons pas de les rapporter à un but préconçu, tout au moins pressenti, nous sommes sûrs de ne pas nous tromper en leur attribuant une cause finale.

La finalité qui existe dans les instincts se retrouve naturellement avec le même caractère dans les fonctions, puisque c'est par les fonctions que les instincts se manifestent. Les fonctions de la vie animale, considérées dans leur ensemble, représentent l'industrie de la Nature. Or, l'industrie de la Nature emploie des machines naturelles, comme l'industrie humaine emploie des machines artificielles. Ces machines naturelles, ce sont les organes ; on ne peut pas dire que les organes soient moins appropriés à leur destination que les engins et les instruments fabriqués par la main de l'homme. Le cœur est une pompe, l'œil est un instrument d'optique, le cristallin est un verre lenticulaire ; aucun de ces organes ne faillit à sa fonction. Comment donc serait-il permis de soutenir qu'ils ont été formés sans but, qu'ils ne sont que le résultat fortuit des forces de la matière, tandis que nous aurions honte d'affirmer la même chose des instruments analogues qui sortent de nos ateliers ? Quoi ! l'on reconnaîtrait une cause finale à la hache informe qui a été fabriquée dans l'âge de pierre et l'on refuserait d'affirmer que l'œil a été fait pour voir, l'oreille pour entendre, l'estomac pour digérer ?

Pour tout homme de bonne foi et de bonne volonté, il va de soi que s'il y a un dessein, un but, une cause finale dans les organes, il y en a une aussi dans les actes et dans la force dont nous parlons. Mais ce n'est pas le raisonnement seul qui nous fournit cette conclusion, elle s'impose à notre esprit comme un fait d'expérience. Qu'on admette ou qu'on nie la perpétuité des espèces, qu'on soit un adversaire ou un disciple de Darwin, on ne pourra méconnaître dans la génération des plantes et des animaux le dessein qui subordonne la partie au tout, qui fait dépendre le tout de l'accord des parties elles-mêmes, c'est-à-dire, les organes de leur aptitude à remplir leurs fonctions respectives. On voit par ces considérations que partout où peut pénétrer l'observation dans l'organisation de l'homme, dans la vie de l'animal et de la plante, dans la structure générale de l'Univers, il y a un dessein, un but, une fin, une harmonie préalable.

La cause finale la plus intéressante est sans contredit celle de l'homme ; en considérant ce qui se passe sous nos yeux, on est tenté de croire que l'harmonie est bannie de la Terre que nous habitons, et en comparant la différence qui existe entre les hommes, depuis le premier jusqu'au dernier, c'est-à-dire, depuis l'extrême ignorance jusqu'à la plus haute intelligence, on croirait que tout marche et s'agite, sans règle, sans loi et sans direction et l'on serait éloigné de penser que l'on commettrait une hérésie énorme, en affirmant d'après les apparences, qu'il n'en est pas ainsi En effet, quand on considère la différence des aptitudes, des intelligences et des constitutions entre les hommes, quand on songe qu'il ne dépend d'aucun d'eux de naître dans un certain milieu, à un certain point, plutôt qu'à un autre, que la belle constitution du corps, la santé et la fortune, qui sont souvent données à des hommes sans mérite et sans mœurs ; que le plus souvent ce sont les plus nobles cœurs et les plus belles intelligences qui portent le plus lourd fardeau des misères humaines, la difformité du corps, la maladie, toutes les souffrances corporelles et morales et par dessus tous les fléaux, la misère ; quand on pense que chaque être, en venant au monde n'est capable de commettre aucune action méritoire ou blâmable, pourquoi alors, faire naître les uns dans l'opulence et les autres dans la misère? Pourquoi réserver pour les uns toutes les jouissances terrestres et pour les autres toutes les déceptions, toutes les souffrances? Pourquoi y a-t-il des privilégiés sur la terre? Pourquoi enfin, les misérables ne sont-ils pas de ceux dont on fait des rentiers? Que si on répond que les misérables n'ont ni l'instruction, ni l'intelligence nécessaire pour remplir des fonctions supérieures, ni pour gagner la fortune, pourquoi alors leur refuser cette instruction si c'est le seul moyen d'acquérir tous les biens qu'ils n'ont pas?

D'après toutes ces questions, si logiques et d'une apparence si profonde, il semblerait qu'il n'y a aucun espoir de pouvoir résoudre cette thèse si multiple, autrement qu'en invoquant le Dieu des matérialistes, le hasard. D'après toutes ces considérations, ils seraient presque en droit de nous dire : vous voyez bien que, si un Dieu tout-puissant, juste et bon, existait, tout cela n'existerait pas, car, étant absolu dans toutes les vertus, il ne pourrait pas vivre au milieu de toutes ces iniquités, de toutes ces infamies, de toutes ces lâchetés et de toutes ces imperfections ; il s'empresserait de faire triompher le droit et la justice, en rétablissant l'ordre et l'équilibre au lieu du désordre, la vérité au lieu du mensonge, la justice au lieu de l'injustice, l'honneur et la bravoure au lieu de la lâcheté, la bonté et la charité au lieu de l'égoïsme, le beau et le vrai au lieu du faux et du laid et distribuerait les richesses et les jouissances terrestres, à chacun selon son mérite et selon ses œuvres ; Dieu serait d'autant plus satisfait alors de la perfection de son œuvre que l'humanité entière chanterait ses louanges, au lieu de toutes les imprécations qu'il reçoit journellement de la part des malheureux.

Effectivement, d'après ce qui précède, d'après ce sinistre tableau des misères de l'Humanité, tout serait vrai et rigoureusement exact, et tout le monde se rangerait volontiers sous la bannière des matérialistes, si le libre arbitre n'existait pas et si au lieu de ce principe il n'y avait que la fatalité ; dans ce dernier cas, l'homme n'aurait pas plus de mérite à être bon que mauvais, puisqu'il n'aurait pas dépendu de lui d'être ce qu'il n'est pas, et qu'il ne dépend pas non plus de lui d'être mieux que ce qu'il est ; que d'ailleurs le bien et le mal sont pour lui de simples facultés inhérentes à la nature des atomes qui l'ont formé, que par conséquent, il n'est pas responsable de ses actes, que ses semblables n'ont pas plus le droit de le juger, ni de le punir de ses fautes, qu'eux de tirer vanité et profit de ce qu'ils sont, puisque comme lui, ils ne sont autre chose que le résultat du hasard, qui a pour cause finale la fatalité ; avec ce raisonnement, la moindre logique vous conduit tout naturellement à ceci : que l'organisation sociale, les lois et la justice, sont arbitraires et ne sont que le résultat de la force brutale, c'est-à-dire, le droit du plus fort, l'homme n'aurait donc plus d'après ces principes qu'une chose à faire : appliquer toute son intelligence à ne pas se laisser prendre, quand il aura commis une faute ou un crime quelconque, puisque la conscience qui est le produit de l'esprit, n'existe pas, que le bien et le mal sont pour lui une même chose, et que le seul but de la vie se résume dans un seul mot : *Jouir*.

Si, au contraire, nous considérons le libre arbitre comme base de la vie, immédiatement la lumière se fait sur toutes choses, tout s'explique et tout se comprend, l'homme alors a un but : la perfection, si non au moins l'espoir de l'acquérir, alors il comprend le bien et le mal, il sait que par sa volonté il peut abandonner ses vices et les remplacer par des vertus civiques ; il sait qu'il est le maître de son avenir, qu'il peut être heureux ou malheureux selon qu'il aura travaillé à son avancement, la conscience renaît et lui dicte les lois de sa conduite, alors il attache un prix aux vertus qui font sortir l'homme de l'obscurité, pour le placer à la tête de la société, soit comme magistrat, législateur ou savant, mais toujours en qualité d'honnête homme, il sait que l'homme vertueux n'a acquis cette position qu'au prix de résolutions et de sacrifices de toutes sortes, il apprend à respecter tout ce qui est honorable, à aimer et à considérer tous les hommes de bien et que le but de la vie, c'est d'acquérir le plus de morale possible, pour, après sa mort, n'être pas mis au nombre des réprouvés ; l'homme sait enfin qu'il dépend de chacun de s'améliorer, que chacun peut, en vertu de son libre arbitre, prolonger ou abréger ses souffrances, comme le malade souffre de ses excès, aussi longtemps qu'il lui plaît de ne pas y mettre un terme.

Il n'y a donc dans la nature, c'est-à-dire dans l'espace infini de la cosmogonie universelle que deux éléments : l'Esprit et la matière, l'esprit représente le progrès, c'est lui qui donne la vie, qui anime et qui dirige tout ; la matière, au contraire, ne représente que l'inertie, elle n'est pas susceptible de perfection, comme l'esprit, elle ne peut que se transformer, sans pouvoir jamais s'améliorer, que l'atome de la matière, soit isolé ou uni à la masse, elle restera indéfiniment la même, sa nature n'ayant de valeur que pour servir et obéir à l'esprit.

En effet, que l'atome matériel soit employé à la construction d'un corps humain, d'une plante ou d'un objet d'orfèvrerie quelconque, l'atome ne change pas de nature, il est toujours le même, qu'il serve ou qu'il soit isolé. Il ne peut produire des effets différents qu'autant qu'il est mis en contact avec d'autres atomes et encore dans certaines conditions de contact et de température. Quoique les effets qu'il produit soient quelquefois si surprenants, que nous les traitons de surnaturels, c'est-à-dire, de miraculeux, il ne faut pas déduire pour cela qu'ils sont de l'essence intellectuelle, il ne faut s'en prendre le plus souvent qu'à notre propre ignorance. Il en est de même, lorsque nous ne pouvons pas approfondir les causes des phénomènes atmosphériques ou astronomiques qui se passent autour de nous ; mais aujourd'hui le progrès et la science nous autorisent à dire que l'époque des miracles et des effets surnaturels est passée. Il n'y a plus que les femmes et les enfants qui puissent encore croire à ces sophismes. la science a rendu impossibles le miracle, la superstition et le surnaturel, tout se réduit aujourd'hui à cet axiome : qu'il n'y a pas d'effet sans qu'il soit le produit d'une cause.

Une importante question encore, qui se pose tout naturellement dans l'esprit de chaque homme, c'est celle-ci : Si l'homme de ce monde ne peut pas voir Dieu, avec les yeux de la chair, sous quelle forme et sous quelle apparence Dieu se présente-t-il à ceux qui s'en sont rendus dignes dans l'autre monde? Est-ce sous une forme humaine, ou bien comme un foyer respendissant de lumière? Nous répondons que c'est ce que le langage humain est impuissant à décrire, parce qu'il n'existe pour nous aucun point de comparaison qui puisse en donner une idée ; nous sommes comme des aveugles de naissance à qui l'on chercherait en vain à faire comprendre l'éclat du Soleil ou des couleurs. Notre vocabulaire ne contient pas d'expression capable de le définir, il est borné à nos besoins et au cercle de nos idées ; celui des sauvages ne saurait dépeindre les merveilles de notre civilisation ; celui des peuples les plus civilisés est pauvre pour décrire les splendeurs des cieux, notre intelligence trop bornée pour les comprendre, et notre vue trop faible ne pourrait l'admirer sans en être ébloui.

Enfin, voilà très-brièvement et autant qu'il est en notre pouvoir, comment il est possible de résoudre les causes finales de l'homme et de la création des mondes ; nous ajouterons à cette insuffisante description, que nous ne croyons pas que la création puisse être sortie du désordre, que du chaos puisse sortir une combinaison quelconque, et que l'équilibre puisse s'établir de lui-même. Nous croyons au contraire que rien ne peut graviter vers la perfection, sans la participation de l'intelligence, c'est-à-dire, sans le secours d'un génie supérieur, portant en lui la source inépuisable de la toute puissance.

Quoiqu'il en soit, il est un principe sur lequel tous les hommes seront d'accord avec nous, qu'ils soient chrétiens, mahométants, boudhistes, juifs, protestants, déistes ou athées ; c'est que, pour être aux yeux de tous, un homme de quelque valeur, pour mériter l'estime et la considération de se concitoyens, il faut être toujours très-sévère pour soi-même et très-indulgent pour son prochain.

FIN

ERRATA

Page 19, 30ᵐᵉ ligne, lire *et* au lieu de *de*.

Page 22, 6ᵐᵉ ligne, lire *jours* au lieu de *heures*.

Page 29, 27ᵐᵉ ligne, lire le mot *est*.

Page 47, à la fin de l'avant-dernière ligne, lire le mot *ses* au lieu de *se*.

Bruxelles. — Imp. Félix Callewaert père, 26, rue de l'Industrie.

www.ingramcontent.com/pod-product-compliance
Lightning Source LLC
LaVergne TN
LVHW021750170726
843503LV00004B/1800